迈向职场第一步

——实习教育教学案例集

U0823988

中国劳动社会保障出版社

图书在版编目(CIP)数据

迈向职场第一步：实习教育教学案例集/江浙汇（实习）教育教学课改领导小组编写．—北京：中国劳动社会保障出版社，2016

ISBN 978-7-5167-2540-5

Ⅰ.①迈… Ⅱ.①江… Ⅲ.①企业管理-职工培训 Ⅳ.①F272.92

中国版本图书馆 CIP 数据核字(2016)第 092067 号

中国劳动社会保障出版社出版发行

（北京市惠新东街 1 号 邮政编码：100029）

*

中青印刷厂印刷装订 新华书店经销

787 毫米×1092 毫米 16 开本 13.5 印张 160 千字

2016 年 5 月第 1 版 2016 年 5 月第 1 次印刷

定价：33.00 元

读者服务部电话：（010） 64929211/64921644/84626437

营销部电话：（010） 64961894

出版社网址：http://www.class.com.cn

前言
Preface

说起“实习”，不少学生喜忧参半，喜的是即将踏上新的“征程”，开启职场“未来之门”；忧的是离开了校园“象牙塔”，如何应对机遇与挑战。因此，“雏鹰”翱翔于天空之前，做好“起飞”准备至关重要。在各个专业的实习指导课上，教师除讲解专业的实习操作要点外，还会强调实习期间应该注意的各类事项。那么，这些注意事项具体有哪些呢？比如：实习前，需要调整好心态，做好角色转换的准备；踏入企业时，应该了解企业的各项规章制度；与同事、领导相处时，要学会人际交往……既然实习有那么多地方需要准备，那么拥有一本集故事与指导于一体的实习手册就显得十分必要。为此，我们走访学校，调查需求向多所学校收集各个专业的实习案例，编写成《迈向职场第一步——实习教育教学案例集》一书，以期“抛砖引玉”。书中这些鲜活生动的案例，或学习，或借鉴，都将成为即将走上实习岗位的学生的宝贵财富。

本书共分五大篇，分别是规范篇、心态篇、交际篇、安全篇及法律篇，从这五个方面深入剖析学生在实习中应该注意的问题及需要培养的能力。每个案例都包含漫说实习、故事汇、实习指导站、课堂情景互动、我问你答或拓展营等内容，形式丰富多彩，故事真实生动。

本书中的漫说实习，亦庄亦谐，生动形象，便于学生理解；故事汇，以第三人称讲述实习中的酸甜苦辣，有温情，有励志，有跌宕起伏，让“准实习生”们看到故事主人公如何在风雨中成长蜕变；实习指导站，从个案引申出普遍问题或现象，举一反三，强化指导；课堂情景互动，为学生提供一个演练的机会，通过活动提高学生的“实战”能力；我问你答或者拓展营，则可以让学生进一步巩固对实习那些事的理解和把握……本书既能引导更多“准实习生”更好地面对即将踏上的“征程”，也能让实习指导教师深入了解实习生的所思所想，为实习生提供更全面、更有针对性的辅导。

本书在编写过程中，得到了浙江省多所学校的鼎力支持，他们精心安排实习带队教师参与本书案例收集、采访。在此，我们表示衷心的感谢！由于我们水平有限，书中难免存在不足之处，诚恳地希望广大师生提出宝贵意见。

编　者

2016年4月

CONTENTS

目录

安全篇

法律篇

后记

规范篇

俗话说得好，“国有国法、家有家规”“没有规矩不成方圆”。学生在学校里要遵守校纪校规，言行举止要循规蹈矩；走出校门穿上制服成为企业的员工，同样要遵守企业的规章制度，一切行为要合乎一个职业人的规范要求。实习作为由学生向职业人转变的重要过渡，学会自我管理、自我监督、按规办事，迈好行为规范的第一步，无疑为顺利完成身份转变、实现成长发展打下坚实基础。

1 维持良好的职业形象

漫说实习

故事汇

高三下学期，物流专业的小李迎来了实习期。刚抵达海宁百世汇通有限公司，负责人就带着小李和他的同学熟悉工作环境，并希望他们以专业的工作态度 尽快投入工作。

和其他同学一样，小李对即将开始的工作充满好奇，对公司发放的工作服爱不释手，感觉穿上这身工作服，从此就步入了职场的新天地。正式上班后，小李按照公司要求，穿着工作服，跟着老员工一起开车将货物送到客户手中。但是很快，小李的新鲜劲就过去了。每天单调的工作内容，让小李失去了以往的工作热情，曾经让他觉得很神气的工作服，也渐渐看不上眼了，不禁对“必须每天穿着工作服”的公司规定产生了质疑。

小李身材瘦小，均码的工作服穿在他身上显得比较宽大，加上工作服没有修身的线条和时尚的设计元素，缺乏鲜明跳跃的青春气息。正处于时尚爱美年纪的小李非常在意自己的外表，总觉得穿上这套长袖的深蓝色工作服后，自己没先前“帅气”了。小李多次萌生了脱掉这身工作服的冲动，并试图穿上自己喜欢的时尚衣服去送货。但每天出车前，都会有一个专门的师傅来检查他们的着装情况，凡是穿着便装的一律要换成工作服。因此，小李尽管心里不乐意，也只好硬着头皮每天穿着工作服。

不久，小李被单独分配到一条新的配送路线去送货，配送的物品和客户都跟以前不一样了。第一次在新线路配送，小李连客户长什么样都不知道，有点担心自己能不能顺利完成首次配送。

不料，当小李到达目的地时，就有一个人向他走过来，并热情地向他打招呼：“你好，你是公司派来的新配送员吧？路上辛苦了！我是负责接收货物的员工。”听着这么善意的话语，“受宠若惊”的小李不禁疑惑问道：“我们从没见过面，你怎么就知道我是配送员呢？”“因为你穿着公司的工作服啊！”简简单单一句回答，让小李一下子明白过来：原来，身上的工作服并不是一套普普通通的衣服，它其实是公司的一个形象标识，一旦穿上工作服，就代表自己是这个公司的一员，所以即使是初次见面，客户也会判断出自己的身份。正是由于客户的信赖，才使自己能够很快和客户交接，并清点完货物，完成配送工作。

至此，小李明白了身上这套工作服的意义所在。从此以后，小李每天上班都认真按照要求穿上全套的工作服，穿出了职业人的精气神。渐渐地，小李爱上了这套标志着他职业身份的工作服，下班之后总是把它洗得干干净净，第二天再充满热情地穿着它去工作，以专业的形象为客户提供专业的服务。

实习指导站

刚进入企业的时候，实习生对于职业形象的重要性可能缺乏必要的认识，加上学生正处于爱美、追求个性的年纪，对中规中矩、制式统一的职业着装难免存在一些抵触情绪。但是，作为企业的准员工，我们必须明白，企业要求我们穿着标准的工作服和相应装备（如帽子、口罩、手套、靴子等），统一职业形象，是因为专业工作的需要。

首先，对于企业而言，员工的外表装扮标志着企业的精神，蕴含了企业独特的文化，是确认员工身份归属的重要标识。正如案例中的小李一样，穿着公司发放的物流专业工作服，才能使客户更好地识别他属于这个物流公司，清楚他的配送员身份，从而保证双方能够顺利交接。

其次，企业针对职业特性设计的衣着和装扮，是保障员工清洁乃至人身安全的一道“防线”。专业的工作服和装备都是严格按照岗位的操作环境和操作需要制作的，设计、用料都有讲究。案例中小李的工作服是深蓝色的长袖款式，不仅更耐脏，而且有助于减少小李卸货过程中的手臂擦伤等问题的出现，同时也能减少员工在较危险的操作环境和操作条件下的安全隐患的发生，如车工、数控车工、电工类员工的工作场所、操作工具和设备都具有一定的危险性，按照要求着装就显得更加必要。

最后，穿上专业的工作服和相应装备，会让实习生看起来更加专业，更能体现“职业人”形象，促使实习生更快、更好地融入企业。案例中的小李穿上工作服后，更好地展示了海宁百世汇通有限公司专注物流、爱岗敬业的职业形象，因而能够获得客户的认同。

课堂情景互动

在班级内组织一次“最美职业人着装竞赛”。

- 教师将全班学生按照一定比例分成 5 ~ 10 个小组，根据学生所在专业的不同岗位归属，向每一组发放该专业的工作服和相应装备。然后，每一组派出一名代表担任服装模特，该组成员帮助其穿好整套工作服。除模特以 外，本组成员都担任其他组的“检查员”，按照教师发放的《工作服穿着检查项目》清单，对已经穿好工作服的模特进行逐项计分。
- 教师按照从高到低的分数顺序，对各小组进行排名，评出“最美职业人着装”奖。最后，教师以达标的服装模特为例，点评工作服的各项穿着要领，强调穿着工作服的重要作用，并向优胜小组发放小奖品。

通过全体学生的参与互动，让学生亲身体验工作服的着装要求，并发现职业形象之美，从而在正式实习时能够牢记所在岗位的工作服、装备的穿着规定，懂得在工作中保持良好的职业形象。

我问你答

平时就对自己的个人形象极为重视的小孙，在领到实习超市分发的工作服后，顿时泄了气，觉得实在是太土了。为了不影响自己的“完美”形象，正式上班前一晚，小孙给超市发的工作服来了个大改造：先是把上衣从长袖外套改成了背心，只保留背后的单位名称；后来又觉得字的颜色和衣服的底色不谐调，就用彩笔把字全部涂黑。小孙嫌裤子也过于肥大不修身，就找了一条同色系的紧身牛仔裤做替换。

第二天一早，对于自己改造后的职业着装颇为得意的小孙大摇大摆地出现在实习单位，满以为会被大家称赞一番，谁想经理一看到小孙就把她叫进了办公室，严厉批评她着装不规范，有失职业形象，要她立刻更换一套新的工作服。因为公司已经发给小孙一套工作服，这第二套工作服要她自己花钱购买。在学校改惯了校服的小孙，没想到自己一上班就碰了钉子，心中颇为不悦，勉勉强强换上了新的工作服。

换上工作服的小孙刚准备开始工作，谁知又被经理叫住了，说她披头散发，不像样子。这下小孙彻底被激怒了，跟经理争辩起来，声称单位没有规定不能把头发散下来，经理多管闲事。经理说小孙披着头发不但显得随意、不专业，而且有可能会在工作中造成意外情况的发生，但小孙始终不认为自己“美好”的形象会让顾客觉得不专业，最终两人不欢而散，小孙离开了实习单位。

根据小孙的故事，请思考以下问题：

- 你认为小孙和经理对于职业形象的认知孰是孰非？
- 小孙打造的“完美形象”为何不符合企业的要求？
- 小孙的经历给了你哪些启示？

2 培养良好的时间观念

漫说实习

故事汇

学校的老师和同学都很难想象，在班级里素来以“小迷糊”闻名的小高居然得到了实习单位颁发的全勤奖。究竟“小迷糊”是如何变身为“早起鸟儿”的，在学校的实习经历分享会上，小高道出了当中的原委。

实习期，商务英语专业的小高被安排到了本地的一家知名旅游文化企业雷峰塔旅游贸易有限公司进行实习。作为国企下属子公司，雷峰塔旅游贸易有限公司的内部管理向来以严格著称，每年的实习生转正录取率更是少得可怜。因此，实习开始前，指导老师就找到了小高，希望他收起平时的迷糊劲儿，认真对待实习工作。虽说平时经常迟到，但对于专业学习和个人提升小高还是十分上心，一直希望自己能有一个好的就业前景。雷峰塔旅游贸易有限公司的实习岗位对小高来说无疑是一次绝佳的机会。

为了能给实习单位留下一个好印象，报到前一晚小高特意准备了两个闹钟，还把起床的时间提前了半小时，心想这样总可以不慌不忙地去实习单位报到了。第二天一早，小高确实准时起床了，但是出了校门上公交时才想起自己忘了仔细规划去单位的路线，只记得公交车可以到达单位附近，下车后还要再走一段路程。因为是早晨，再加上工作日景区没什么游人，小高都没法问路，好不容易拦到了一辆出租车找到了单位，一看表发现已经迟到了。第一天上班，小高就在众目睽睽之下迟到，负责指导他的主管当时没说什么，只是在当天下班的时候对小高说了一句：“我们公司从事的是服务业，时间观念很重要，希望你尽快适应！”话虽客气，但敏感的小高一下子感受到了话语背后的份量，他决心接下来再也不迟到了。

为了杜绝这些意外状况的发生，小高开始用起了记事簿，对实习中的每件事都事先规划，做好周全的安排和准备。这之后，上班迟到的情况再没有发生在小高身上，实习的后三个月小高更是连续三次得到了公司颁发的全勤奖。经过一段时间的实习后，公司开始安排实习生在工作日的晚上进行专门的业务培训。一次公司的培训恰好安排在实习返校日。在仔细计算了实习汇报和来回的时间后，小高决定兼顾两边的安排。在回学校前，小高向公司主管说明了情况，表示会尽量准时回来参加公司培训。在得到主管的许可后，小高才离开公司。回到学校后，小高又向老师说明了具体情况，希望可以先作汇报，然后准时赶回公司参加培训，得到了老师的许可。最终，小高按计划完成了学校和公司两边安排的活动，良好的时间观念还得到了主管的称赞。

在实习工作中，为了准时完成主管交代的各项工作，小高依据老师教的“四象限法”，按照重要和紧急两个不同的维度对工作进行划分：即紧急又重要、重要但不紧急、紧急但不重要、既不紧急也不重要。上班之后，先处理紧急类别的工作，随后把主要精力和时间集中放在处理重要但不紧急的工作上，做到未雨绸缪，防患于未然，再利用一些效率较低的时段或零碎时间，处理那些既不紧急也不重要的琐事。经过一段时间的坚持，小高的工作效率和工作质量得到了主管和同事的一致认可。实习期满后，小高成为了唯一被公司留用的职校学生。

实习指导站

无论是在生活中，还是在工作中，良好的时间观念都能给我们带来更好的效益。所谓时间观念可以分三个层次理解，第一是时间秩序观念，指良好的作息习惯，比如在工作中不迟到、不早退，按时完成领导交办的工作任务。对于企业来说，具有良好时间秩序观念的员工，更利于企业管理。第二是时间效率观念，即对每一个工作时段的合理安排和使用，从而形成高效的工作状态。对于企业来说，具有良好时间效率观念的员工，是企业降低运营成本、实现盈利的重要保证。第三是时间管理能力，即能够分清工作的主次和缓急，井然有序地开展工作。对于企业来说，具有良好时间管理能力的员工，可以保证企业科学高效地运作。

案例中的小高正是在实习中做到了以上三个方面的要求，从而获得了企业的认可，顺利被录用。

结合小高的经历，我们可以发现要培养良好的时间观念，首先要正视这一观念的重要性，并有意识地督促自己的行为，学会自我监督；其次，要在工作中做好计划管理，我们在企业的实习时间可能是一个月、三个月甚至一年，可以将自己的实习时间规划到每日、每周、每月，做好计划。有了工作计划后，将每天要做的事情列一份清单，排出先后次序，并确定完成时间，突出工作重点。每天的工作计划必须当天完成，养成不拖沓的习惯。还可以学习运用一些科学的工作管理方法，比如小高采用的“四象限法”，保证高效有序地开展工作。

实习生初入职场，应该找到适合自己的时间管理方法，养成良好的时间观念，为未来正式步入职场做好准备、打下基础，同时赢得实习企业的认可。

课堂情景互动

以“我与时间的故事”为题，组织一次班级征文活动。

- 以“我与时间的故事”为题，让学生从对时间的认识、守时的重要性以及如何高效利用时间等角度，结合自己学习和生活中的实际经验，以短文的形式写写自己的理解和感受。
- 在上交的征文中选取数篇较有代表性的范文，在班会课上让学生当堂朗读，然后与学生共同探讨培养良好时间观念的重要性以及相关方法，引导学生重视这一问题，有意识地进行自我监督和管理。
- 由学生投票选出 3 ~ 4 篇最具说服力的文章，装裱后张贴于班级的宣传栏内，既作为嘉奖，也供大家学习。

通过活动，教师可以更全面直观地了解学生对时间观念的认识程度，从而更好地引导学生树立正确的时间观念。

我问你答

作为一名会计专业的学生，小张一直认为细致认真是这份职业最重要的准则，但经历了三个月真刀真枪实习后，小张却对自己原有的观点产生了疑问。

小张被分配到一家物业公司的财务部进行实习。财务部的人不多，算上小张总共才五个人，但需要负责的工作却是细致烦琐、千头万绪。一开始，主管出于谨慎的考虑，只是安排小张做一些扫描发票、打印资料的琐碎工作，小张对于这些琐碎工作却十分细致和认真，很快打消了主管原有的顾虑，开始将制作报表、填写财务凭证等一些基础工作交给他去做。终于得到认可的小张，本以为得到了大显身手的机会，但没想到这些基础工作的工作量远大于之前的琐碎工作。尽管如此，小张还是坚持按部就班，把每一项工作都做细、做透。因为对公司的一些经营业务不熟悉，小张每次做报表的时候都要找到相关负责的同事问清来龙去脉，而其中的资金日报表，是必须每天下班前完成并上交给领导的。由于对相关内容不熟悉，再加上经常有半途插进来的工作，小张连续好几天都无法准时上交资金日报表。

眼看小张有些手忙脚乱应付不过来，主管找到小张建议他分清轻重缓急，重新规划一下自己的工作计划，调整自己的工作节奏。倍感压力的小张，决定加快自己的工作速度，但是习惯了慢工出细活，小张经常在完成一项工作后，才发现自己已经超出了预定的完成时间。而一旦领导下达临时的工作任务，小张立刻觉得手忙脚乱，原有的工作计划全被打乱，只能在心里干着急。为了赶进度，小张常常在午休时间和下班后继续加班工作，一段时间下来，不仅觉得身心俱疲，甚至失去了对工作的热情，对自己一直坚信的职业准则也产生了动摇。

根据小张的故事，请思考以下问题：

- 小张对自己原先坚信的职业准则产生怀疑，是否有道理？小张遭遇工作困境的真实原因是什么？
- 请你给小张支支招，究竟小张该如何突破工作中的困局？
- 小张的经历给了你哪些启发？

3 服从企业的工作安排

漫说实习

故事汇

怀着满心的期待，小戴作为一名实习生走进了富悦大酒店，开始了为期6个月的实习生活。已经在酒店管理专业学习了近两年的小戴曾多次来到富悦大酒店参观学习，作为本地较为知名的五星级酒店，富悦大酒店完善的管理和周到的服务给小戴留下了深刻的印象。如今自己不再是参观者，而是以从业者的身份加入进来，并且有机会成为一名正式的"富悦人"，这让小戴的心中涌起了小小的激动。

原本在专业学习中以餐饮服务为主的小戴没想到自己却被安排在酒店的房务部。她清楚记得在填写实习申请时，说明了自己的专业学习方向，表达了希望进入酒店餐饮部的愿望。意外的变故，不免让小戴感到失望。但一想到自己毕竟已经进入了自己心仪的企业工作，只要踏踏实实工作，不愁以后没机会调到自己向往的部门，小戴又重新燃起了工作热情。

进入房务中心后，小戴先是被安排跟楼层，就是跟着楼层保洁员熟悉客房，以及学习基本的打扫工作。小戴原本以为自己的第一任"导师"会是着装时髦、气质优雅的客房主管，没想到是保洁阿姨作为自己的师傅。

虽然感到意外，但是谨记实习前老师对大家"遵从企业工作安排"的嘱咐，小戴还是打起了精神，认真跟着师傅学习。跟了近两周的楼层清洁工作后，小戴发现保洁阿姨身上颇有些金庸武侠小说里少林寺扫地僧的意味，身份看着不起眼，但却深藏不露。除了客房清洁的常规工作内容，每间客房的差别、清洁时的注意事项、与其他工种的协作技巧、意外情况的处理应变……短短两周时间，小戴觉得从保洁阿姨身上学到了不少东西，对自己所从事的工作内容也有了一个基础性的了解。

正当小戴觉得自己的工作逐渐得心应手时，却又被安排去了客房服务组。客房服务员的工作主要是负责在楼层间递送物品，帮助客人入住，满足客人合理需求。此外富悦大酒店还要求员工在工作中做到热情有度、细心缜密，及时发现客人的潜在需求。小戴又开始适应自己的新岗位，这一次虽然有前辈员工协助，也有主管进行指导，但更多的时候需要自己独立应对。

尽管客房服务员有各自分工负责的区域，但十五层的客房在入住率高的时候，各司其职很难做到，主管会根据实际情况临时调整工作安排，很多时候具体的工作都是谁有空谁去做。对于这种做法，小戴不嫌繁重，反而觉得很有团队作战的使命感。很多时候，小戴都在忙完了手头的工作后，主动去帮助其他工作繁忙的同事，赢得了大家一致好评。经过一段时间的工作，房间没电、没热水，电视没信号，电脑不能上网，这些客人反映最多的问题，小戴都能解决。

在进入酒店工作之初，小戴就听说“富悦”有一个类似暗访的工作检验制度，所有正式进入“富悦”工作的员工都必须经过这一关的考验。可是随着自己的实习期进入尾声，小戴还是没有遇到她期待已久的暗访考验。“难道酒店不打算录用我？”小戴有些不安地想。

直到有一天，正在客房服务部值夜班的小戴突然被主管安排为一位客人提供服务，而当天晚上在楼层巡视的是另一位服务员。小戴对于主管的安排感到有些奇怪，但是想到主管才是客房服务的统一调配者，小戴还是接受了主管的安排，尽职尽责地为客人服务。

进入客房后，小戴得知客人的被套被水打湿了需要更换，于是就将被套拆下来。在拆被套的过程中发现床单上也留下了水印，于是向客人征询是否可以将床单一同更换。在得到客人的同意后，小戴将床单也一并换了下来，随后拿来了新的被套床单进行更换。这期间，客人还向小戴询问了酒店的各种信息，小戴一一予以准确的回答。之后，客人表示电脑网络连接不畅，小戴又主动为客人调试，网络很快连接好，客人表示满意。临走前，小戴又再次询问客人是否还有其他需要服务的内容。客人表示需要洗衣服务，并询问什么时候可以送回。送洗服务平常并不是由小戴负责，为了回答客人的疑问，小戴迅速联系了同事，随后告知客人洗衣房已经下班，衣服明天早上可以送洗，最迟中午前会有专人送回。在收取客人衣物并清点查看后，小戴向客人告辞。回到客房服务部后，小戴将服务内容根据规定做了登记，交班时又将客人的衣物送洗要求告知了下一个班次的服务员，请对方及时送去洗衣房。

正式进入富悦大酒店工作后，小戴才知道自己那晚为客人的服务就是一次入职前的暗访考核。事后主管对小戴说，除了得体的处理和优质的服务外，小戴毫无怨言地接受上级的工作安排，同时用足够专业认真的态度去完成工作，也是酒店最终决定录用她的重要原因。而之前多次看似“不合理”的工作安排，其实都是为了让小戴更全面地锻炼自己的能力，熟悉酒店各个服务部门的运作，从而为正式入职做好准备。

实习指导站

无论是在实习过程中，还是正式进入职场后，很多时候企业对我们的工作安排会与我们本人的意愿相左，甚至与我们的个人愿望完全相反，使得我们可能不得不去做自己不喜欢、不擅长的工作。这时候我们很容易产生抵触情绪，从而无法以一种专业的态度开展工作，进而影响个人的工作表现。但如果退一步想，我们会发现，作为初入企业的我们，不论是什么岗位，什么工作，都是一次尝试的机会、学习的机会。如果我们能够以积极乐观的心态接受企业的工作安排，那么工作状态的主动权就掌握在了自己手中，在完成好工作的同时也会赢得领导的信任和同事的认可。就像案例中的小戴，把每一次工作安排都当成是一次学习的机会，锻炼的机会，在各项经验和技能的积累中成长。

企业的工作安排有时候还可能是有意的培养或考验，如果我们能认识和体会当中的深意，那么就在无形中为自己赢得了一次充分展现个人能力的机会。就像案例中的小戴多次抓住这种机会，经受住了考验，给企业留下了良好的印象。

此外，服从领导的工作安排，既是对领导的尊重，也是在履行自己的职责。企业岗位分工不同，每个岗位职责也不同，领导有领导的职责，员工有员工的职责，领导在安排工作时是在履行自己的工作职责，我们应该尊重他们的工作，同时也要做好自己的工作，履行好自己的职责。

课堂情景互动

以“我的职业成长故事”为主题，举办一次班级座谈。

- 邀请毕业的优秀校友和其所在企业的人力资源主管，一起回顾和分享该校友从实习阶段到正式进入企业后的职业成长经历，由校友本人分享自己的实习故事以及对企业工作安排的认知，由企业人力资源主管分享企业的工作安排用意和针对实习生的培养计划。
- 设置20分钟左右的提问环节，由学生向校友和企业主管进行提问。
- 教师针对双方的问答进行总结。

通过校友的真实经历和企业人力资源主管的分享，让学生充分认识和体会作为一名初入企业的实习生服从企业工作安排的合理性和必要性，是一种基于个人职业成长的理性选择，从而引导学生在心理和行动上都做好服从工作安排的准备。

我问你答

专业成绩优异的小胡，怎么也想不通自己为什么会被安排做磅料的工作。小胡在被分配到这家本地大型五金机械配件厂实习时，还特意在实习申请中说明了自己在专业上的“长处”，期待被委以重任。

但第一天上班就被分配在磅料的岗位，小胡觉得很失望，有种“志不能伸”的挫败感。磅料的工作看似简单，但因为这家企业的产品种类繁多，因此对应的物料名目也有上百种，再加上整个磅料过程包含过磅、做日报表、工作卡等诸多内容，需要工作者注意力高度集中，才不至于出错。

而小胡在工作中始终觉得企业的工作安排不合理，一心想着换工作岗位，所以心神不宁，接连几次在登记产品的编号、订单数量、当日产量时出现差错，造成车间工作混乱。其他员工因为小胡的产量登记错误而无法领到对应的工资，领导和同事对此都很不满。

为此，领导找到了小胡，希望他更正错误，以后认真工作。没想到小胡不但不认错，还声称是领导工作安排不当，使得自己在不适合的岗位上工作，所以才会出错。对此，领导回应：磅料虽是基础工作，但却可以帮助新员工尽快了解企业的生产内容和状况，是对所有新员工最基本的训练，没有例外。最终，因为与企业领导意见不合，小胡提早结束了自己的实习期。

根据小胡的案例，请思考以下问题：

- 小胡“有志不能伸”的想法，是否对？说说理由。
- 领导对小胡的回应说明了什么？
- 小胡的案例给了你哪些启示？

4 遵守企业的规章制度

漫说实习

故事汇

小洪的第一份实习工作来得很不容易，因为在放学的路上被电瓶车撞伤了腿，小洪的实习期整整延后了两个月。小洪原本的岗位早已被安排给了别人，经过老师多方奔走，小洪终于得到了一份本地大型超市理货员的实习工作。面对来之不易的实习机会，小洪决心好好表现。

小洪被主管安排在了生鲜部工作。因为“生鲜”的特性，所以这个部门的员工每天要提早上班一小时。小洪的主要工作是将新鲜水果上架、做水果切片、报损水果数量等。上班第一天，主管只是简单交代了小洪几句，然后扔给他一本公司内部管理制度，让他凡事遵照公司的规章制度，就转身去忙其他的事情了。小洪没想到公司的规章制度那么多，合在一起就像是本书。想起实习前老师再三强调“作为实习生首先要学会遵守企业的规章制度”，于是小洪利用当天午休的时间将公司的规章制度从头到尾通读了一遍，并把这本厚厚的“书”塞进了自己的工作服里，想着有需要的时候可以拿出来参考一下。

部门主管给小洪指定了一位师傅小辉负责指导他，小辉也来自职业院校，已经在部门工作了两年，如今是部门的副主任。两人每天早上6点就要到公司一楼等着接收从市场运来的新鲜蔬果，然后用叉车一车车运到二楼的冷库。连续两周，小洪都准时到岗，小辉对此颇为赞许。

用于搬货的叉车只有两辆，是部门里的同事共用的，使用时间长了损耗较为严重。小洪记得公司规定里有强调对公物要爱护，应该定时保养，所以每次使用完叉车后，都会把驾驶室打扫干净，给机芯上油，并检查一遍外部是否有刮擦和磨损，然后把叉车停在规定的区域里，锁好车门，关上保险，才放心离开。对于部门的公共休息室，小洪也根据公司规定时常注意保洁，利用换班的时间，整理杂物、清扫地面，师傅小辉发现自从小洪来了以后，部门的内部状况好了很多，还连续两个月拿到了公司的最佳内务奖。

上了一段时间的早班后，由于小洪的表现出色，主管主动将他调到了晚班，负责货架管理和内场销售。每天傍晚6点，都是超市顾客最多的时候，很多上班族下班后来采买食材，超市也会在晚班的这个时间段搞一些打折和促销活动。小洪和同事要对生鲜区的所有打折和促销商品信息烂熟于心，还要在摊位附近叫卖吸引顾客。对于大声叫卖，小洪起初觉得有点“丢脸”，但是公司对此确实有明确的要求，小洪就鼓起勇气试着叫卖。没想到不但吸引来了顾客，而且很多住在附近的阿姨还因为小洪服务态度好认准了小洪，每天都定时来光顾。

小洪所在的生鲜部每天都有一定的产品报损指标，这就意味着很多过了保质期的商品需要被丢弃，快要过期的蔬果需要折价销售。超市里的一些员工看到了当中的“灵活运作”空间，经常趁着主管不注意，偷藏折价蔬果，抢在顾客购买之前自己留下，或是在折价蔬果里藏一些正常销售的果蔬，还有的甚至私拿刚刚过了保质期需要丢弃的商品。根据公司规定，这些行为都是被禁止的。出于对小洪的信任，小辉师傅将每天报损的工作交给了小洪。小洪则按照公司规定一丝不苟地执行，虽然一开始引起不少爱占小便宜同事的抱怨，但时间一长大家也就渐渐习惯了小洪的“铁面无私”。

实习期满，主管对小洪的表现大加赞许，并正式录用了他。原来小辉师傅早已将小洪一丝不苟遵照公司规章制度的工作情况汇报给了主管。

实习指导站

所谓“没有规矩不成方圆”，一个企业的规章制度是其维持正常运转的重要保证。规章制度保证了企业管理的有序化和规范化，从而避免了管理混乱。对员工而言，一家严格按照规章制度管理的公司，就好比是一个微型的“法治社会”，在这样的工作环境中，只要严格按照企业的规章制度办事就不会出错，同时也可以避免“人治”下的种种弊病，对员工自身利益也是一种保障。

如同案例中的小洪，在按规定不让其他员工钻空子占公司便宜时，虽然引起了部分同事的不满，但因为是严格遵照公司的规章制度办事，不但没有被同事刁难，反而得到了主管的认可。

作为实习生，从学校到企业，从学生到员工，在这种环境和身份的转变中，可能会因为陌生感、紧张感而失去工作中的方向，此时，企业的规章制度无疑是指路明灯，能够帮助我们快速了解企业的价值观、企业文化以及自己的工作责任和义务。在遵照企业规章制度工作的情况下，我们至少可以保证少犯错，甚至不犯错，然后进一步展示更好的工作表现。案例中的小洪，正是主动学习公司的规章制度，并在工作中时时提醒自己遵守，才将工作越做越好，得到了小辉师傅和主管的一致认可。

课堂情景互动

以“说说校纪校规和企业规章制度的共性”为主题，开展一次班级讨论会。

- 搜集几家与本专业就业方向一致的本地大型企业的规章制度，提前发给学生，让学生找出其中的相同点，并思考其相同的原因。
- 以“说说校纪校规和企业规章制度的共性”为主题，利用班会课让学生讨论为什么学校和企业都有自己的规章制度，再让学生谈谈为什么学校和企业之间、不同企业之间会有一些相同或类似的规定，比如准时上学、上班，注意公共空间保洁，爱护公共财物等内容。
- 根据学生的讨论结果，再由教师进行总结，并得出无论在学校还是在企业都要遵守相关规章制度的结论。

通过校纪校规与企业规章制度的大讨论，让学生深刻理解“没有规矩不成方圆”的内涵，从学生对校纪校规的遵守，引申到对企业规章制度的遵守，让学生做好心理准备，保证实习顺利进行。

我问你答

炎炎夏日，小许来到了本地的一家灯饰厂开始了自己的实习工作。因为专业成绩不错，主管将小许安排到了一线跟老员工学习机修。尽管在学校里操作能力不错，但到了企业一线面对各式各样的新机械设备，小许顿时觉得手生了很多。因为小许操作失误，使得师傅好几次强行停机，减缓了生产速度，一天下来给师傅造成了不小的生产损失。对于小许，师傅开始显得有些不耐烦，经常“吼”他，小许工作起来更加畏首畏尾。

一次，师傅在工作途中有事外出，但生产车间却送来了产品需要注塑外皮。本想等师傅回来再做，但是对方催得急，再加上小许一心想给师傅挽回一点之前的生产损失，全然忘了厂里的明文规定：实习生的所有生产性工作必须在指定师傅的监督下才能进行。小许学着师傅的样子，架好了模具，调试好注塑的参数，发现出来的产品外观不错，就开始自己注塑产品外皮。独立完成注塑工作的小许颇为得意，没想到下班前却被匆匆赶来的师傅大骂一顿。原来小许完成注塑后忘了试电，造成送检的产品有70%的次品率，不仅害得师傅扣工资，还连累其他车间也要加班返工。

小许对师傅说，自己只是想帮忙挽回一点之前的生产损失。但师傅却严厉地斥责他越帮越忙，越帮越乱。小许觉得很是委屈。

小许的车间每天有很多生产原材料进进出出。一次，小许看见车间的同事拿着好几卷电胶布放进自己的包里。那同事看到小许后还对他说：“这种东西车间很多，用不完也是浪费，有需要的话，拿一点也没事。”小许心想，自家的电线裸露在外面，正好需要用电胶布包一包。下班时，小许就从货柜里拿了几卷电胶布准备带走，却不想正好被车间主任撞见。主任指责他不遵守厂规，私自把车间财物据为己有，要他公开检讨。小许备感委屈，称同事这么做，自己才效仿的，并不是有心的。实习期满后，小许因为多次违反厂纪厂规，没有被继续留用。对此，小许却觉得自己很委屈。

根据小许的案例，请思考以下问题：

- 说说小许的委屈是否有道理？
- 造成小许不被企业继续留用的根本原因是什么？
- 小许的经历给了你哪些启发？

5 用好工作手册

漫说实习

故事汇

跟其他同学的实习单位不同，小冯第一天到肯德基餐厅报到，就被告知当天要试工，工作时间为6小时，通过后才能正式开始实习培训。毫无心理准备的小冯倍感压力，但同时也被这临时的考验点燃了斗志。

值班经理把小冯安排在大堂负责清洁工作，工作内容包括从如何收盘子到清洁台面、拖地、收垃圾，以及定时负责清洁大堂的厕所。经理用飞快的语速，一口气将所有工作程序和细节要求，一股脑儿地"倒"给小冯。习惯了学校老师的柔声细语，小冯才听到"清洁""定时"这几个关键词，就发现经理已经讲完了所有内容。看到小冯一脸茫然的表情，经理又补充了一句"办公室里有工作手册，可以参考一下"，就转身去安排其他员工了。

考验已然开始，小冯提了提神，向身旁的老员工询问现在应该做什么，并且向对方借了一本工作手册。在老员工的帮助下，小冯先是换上了工作服，接着从清洁间里拿出清洁用具，根据工作手册开始地面的基本清洁工作。临近中午，客人越来越多，外面还下起了大雨。客人带着各种雨具进门，地面一下子变得很湿滑。小冯一边不断地擦干地面，一边想应该提醒客人小心地滑。趁着更换洁具的空档，小冯看了一眼工作手册。手册上提示在这种情况下可以摆上"小心地滑"的黄色指示牌。在询问了老员工后，小冯顺利找到指示牌，并摆在了大堂中央。

大堂慢慢变得有序起来，小冯猛然想起大堂的厕所还没有打扫。好在其他员工之前已经打扫过一遍，但是因为客人进进出出特别频繁，地面上已经又布满了脚印，洗手台周围也满是水迹。小冯根据工作手册上的要求，擦干了洗手台，又把地面反复清理了几次，让地面又恢复了光亮。为了保持洗手间的整洁，小冯根据工作手册提示在自己的电子表上设了闹钟，每20分钟提醒检查、清洁厕所一次。

到了下午，客流逐渐趋缓。小冯根据工作手册上的常规流程，用导压棒将餐厅内的垃圾桶逐个进行压缩，并将压缩后垃圾仍占四分之三以上的垃圾桶进行清理并更换垃圾袋。然后对顾客用过的托盘进行清毒，又补充了柜台前吸管盒里的吸管。在确保所有常规工作完成后，小冯又问老员工还有什么工作需要做。老员工告诉小冯，一般在空闲的时候还要检查一下餐厅外围的卫生情况，这项工作是后来补充的，所以工作手册里没有。根据老员工的建议，小冯将餐厅外地面上的烟头、树叶和纸屑等杂物清扫干净，又用刮窗器将正对街面的落地玻璃清理了一遍。

一转眼到了白班的下班时间，值班经理却示意小冯先不要离开，并把所有员工都召集了起来。正当小冯纳闷的时候，经理却鼓着掌向小冯走来，当着大家的面恭喜他获得了今日的"最佳员工"称号。经理告诉小冯，"最佳员工"奖通常是奖给正式员工的，但今天他的表现异常出色，所以跟主管商量后决定破例授予他这一荣誉。"小冯今天不仅工作态度积极主动，而且严格按照我们的工作手册，做到了细致和认真。这对于一名刚刚走出校园的实习生来说，实在是难能可贵的。明天小冯就可以正式接受餐厅的培训！"值班经理当众宣布。

实习指导站

工作手册是企业开展标准化生产和科学管理的重要手段，对新员工来说工作手册既是了解工作岗位的指南，也是日常工作规范化操作的指引。在大部分较正规的企业内，都会根据每一个岗位的工作内容为员工配备工作手册。新员工进入单位后，除了进行企业规章制度的学习外，最重要的莫过于熟悉岗位工作手册。

作为实习生，进入企业后难免对环境感到陌生、对工作流程不熟悉，此时工作手册就是最好的帮手。如案例中的小冯，面对要求迅速上手的工作考验，很好地利用了工作手册，帮助自己迅速进入工作状态，同时保证在工作流程上不出错，从而赢得了用人单位的认可。依据工作手册开展工作，一方面可以确保工作流程不出错，通过重复操作也可以帮助我们逐渐熟悉工作，建立起工作信心；另一方面还可以通过对工作手册的熟读、深读，加深我们对所在工作岗位的认识和理解。

工作手册固然是我们在实际工作中的重要指引，但对工作手册的使用和理解，却又不能过于教条化。案例中的小冯，他确实很好地利用了工作手册，但同时也不忘向身边的前辈、同事请教，确认自己的工作流程和状态是否正确，同时可以弥补工作手册上缺少的工作内容，把工作做得更好。

课堂情景互动

以一份相关专业的企业岗位工作手册为标准，开展一次现场标准化操作竞赛。

- 将企业的岗位工作手册提前一周分发给学生，供学生课后熟悉并进行练习。
- 利用一节实训课，组织学生在校内的实训基地开展一次现场标准化操作竞赛，邀请提供工作手册的企业资深员工和管理人员但任评委。临时公布工作任务，考验学生在不参考工作手册的情况下，是否能够进行规范操作，现场评出 2 ~ 3 名规范操作能手。
- 再利用一节实训课，请学生就该比赛说说为什么要依据工作手册进行规范操作，以及工作手册的实际指导意义。再请企业的资深员工进行现场操作演示，并由管理人员结合企业生产实际，进行解说和问题解答。最后，由教师进行总结。

通过亲身尝试，以及企业员工的演示和解答，可以帮助学生更深刻地理解工作手册的重要性，从而在走上实习岗位后更能用好工作手册。

我问你答

在哈根达斯实习了两个月的小丁，信心满满地等待着企业的正式录用通知，但是左等右等通知都没有来。百思不得其解的小丁找到了实习单位的主管，想一问究竟。令小丁没有想到的是，不被录用的原因竟然是自己眼中不起眼的小事。

因为性格开朗活泼，一进店小丁就被安排在点餐收银的岗位。小丁所在的这家哈根达斯分店位于市中心的百货大楼内，客人排长龙是常有的状况。尽管如此，店内对于各个岗位的工作流程依旧有着严格的规定。小丁所在的岗位，根据工作手册必须“七步走”：第一步，欢迎客人光临；第二步，为顾客点餐；第三步，在点餐的过程中建议性销售；第四步，重复客人的点餐内容，并告知金额；第五步，配餐；第六步，复述上齐的餐点，收银并找零，百元现钞需验钞；第七步，送客，再次感谢客人的惠顾。根据店内的规定，无论客人多少，这些步骤必须一步不落地有序进行。但习惯“灵活应变”的小丁，却常常在客人多的时候，不遵照工作手册，擅自更改和减少工作流程，因此还收到过一次假币，还有一次刷错了商品条形码，导致客人多付了钱。身边的资深员工多次提醒过小丁，小丁不但不以为意，还对自己的“高效”颇为得意。至于自己的两次过失，小丁却解释为速度快了难免出个“意外”。

对于小丁没被正式录用，主管解释道：“我们当然渴望灵活高效的员工，但所谓的灵活和高效必须建立在规范的基础上。如果店里的员工都按照自己的理解而不是工作手册的指引去开展工作，那么这家店将毫无章法可言，各种各样的小错加在一起就足以令这家店失去客人的信任。”

根据小丁的案例，请思考以下问题：

- 你认为小丁在工作中的“灵活应变”是对还是错？为什么？
- 说一说你对主管说的话怎么理解？
- 小丁的案例，给了你哪些启发？

6 理解职业准则的真谛

漫说实习

故事汇

2015年夏天，怀着忐忑的心情，小陈走进了天台县坦头中心幼儿园，开始了为期两个月的实习生活。尽管已经在幼教专业学习了两年时间，但是走进幼儿园成为一名真正的幼师，在小陈看来，依旧是巨大的考验。

小陈被分到了小（二）班担任助理教师，协助班主任管理班级里的20位小朋友。因为小班的孩子年龄基本在3～4岁之间，小陈又刚刚开始幼儿园的实习工作，对于幼儿园的生活作息都还在适应阶段，所以管理难度相对较大。

小陈上班第一天，班级里的孩子面对新来的老师都显得有些过度兴奋，整个上午吵吵嚷嚷，围绕着小陈跑来跑去，希望引起这位新老师的注意。一边要留心不让孩子们摔着、碰着，一边又要认真地倾听孩子们说的话，与他们交流互动，小陈顿时有种目不暇接、分身乏术的感觉。即便如此，小陈始终谨记老师临行前的嘱咐，作为一名幼师，对孩子以爱相待是这份职业的基本准则，因此尽管感到疲劳，还是坚持用微笑面对每一个孩子。

来自双职工家庭的小陈，因为父母工作繁忙，家中长辈又在异地，幼年无人照管，早早地就开始了自己的幼儿园生活。小时候的小陈性格内向羞涩且不善表达，很少能够得到老师的关注，也没能交到什么好朋友，整个幼儿园阶段都处在孤独的状态中，落落寡欢。长大后的小陈之所以选择了幼师作为自己的职业，很大程度上源于小时候的这段经历，她希望用自己的实际行动去关爱每一个孩子，避免自己童年的“不幸”在其他孩子身上发生。

以爱相待，不过四个字，但小陈很快发现要实现这四个字的不易。在跟孩子们熟悉了一段时间后，班主任开始安排小陈独立授课。但一节35分钟的美术课，小陈却用了30分钟才让所有孩子安静下来，把注意力集中到课程内容上。仿佛是看准了小陈够“和气”、够“善良”，孩子们表现得有些过度放松和“快乐”，经常提一些稀奇古怪的问题，打断小陈的授课，或者自说自话在教室里走来走去，或者频频举手要去厕所。秉持着以爱相待的原则，以及对每一个孩子的重视，小陈尽力去满足每一个孩子的需求，但她很快发现这样做不仅自己累得筋疲力尽，而且远远无法完成规定的课程计划。

陷入窘境的小陈，找到了有着十几年教学经验的班主任寻求帮助。对于小陈对孩子们的爱心，班主任表示十分认可，对于以爱相待的职业准则也十分认同，但是在班主任看来，以爱相待并不意味着溺爱和纵容。幼师作为孩子进入教育阶段的第一任正式导师，对孩子的人格塑造和性格养成起着至关重要的作用，因此应该有理性、有方法的去爱和教育孩子。班主任建议小陈在真心对待每一个孩子、关心每一个孩子的前提下，细心地去观察每一个孩子，了解他们的家庭背景、生活状况和个性特点，然后根据每一个孩子的实际情况，找到相应的相处和沟通方式，并以此为基础精心设计自己的授课内容和方式，通过耐心的引导，让每一个孩子都获得成长。

班主任的话让小陈意识到，自己之前对于以爱相待的职业准则理解得实在太浅显了，因而失去了工作的方向。根据班主任的建议，小陈重新调整了自己的工作方式，先是利用家长开放日的机会和家长们熟识起来，了解每一个孩子的生活环境和成长背景，然后利用课间休息和每一个孩子单独相处，针对少数几个特别“活跃”的孩子，通过课余相处和游戏活动，明确奖惩，建立威信，让这些孩子信服自己，并在课前与孩子们定好规矩，达成共识，保证课堂秩序。

短短一个月的时间，小陈就“收服”了这群可爱的“小捣蛋”。实习第二个月，小陈就能够在班主任不在的情况下，独立管理整个班级，被孩子们一口一个“陈老师”的甜甜呼唤着。对于自己的进步，小陈认为班主任的点拨功不可没，是班主任的一番话让她认识到对于职业准则的理解，不能仅仅停留在字面上，也不能只是依据自己的生活经验作出判断，而是应该在前辈的指点下进行实践，并加以检验，从而参透准则背后的真谛，知其然，更应知其所以然。

实习指导站

所谓职业准则，就是各个行业依据自身的属性和需求，对从业者提出的最基本的和原则性的要求。在实习中，我们进入的企业和机构可能不同，具体的岗位和负责的工作也可能有差别，但所从事的各项职业却都一样有职业准则。知晓和理解自身从事职业的准则，是成为一名职业人的基本前提。在专业学习的过程中，我们可能已经从老师那里了解了职业准则的内容，比如教师对学生要以爱相待，医生对病人要倾力相救，服务人员要尊客为上。对职业准则，仅仅做到知晓是不够的，应该谨记心中，时时提醒自己，尤其是作为初入职场的实习生，如案例中的小陈，在实习初期，主动提醒自己，要求自己遵从职业准则开展工作。

而对职业准则的遵从又必须建立在深刻领悟其真谛的基础上。这种领悟不能只是字面上的理解，而应该是全方位的认知和理解，透过现象理解本质。同时，向资深前辈请教，以他们多年实践经验帮助自己深刻理解职业准则，并运用于自己的工作实践中，再通过自身的工作实践进一步理解职业准则，从而使职业准则内化为工作中的行为准则，逐步成长为一名合格的职业人。

课堂情景互动

以某行业的职业准则为主题，举办一次现场演示活动。

- 在对相关行业的职业准则进行详细的讲解后，要求学生围绕该职业准则以小品或情景剧的形式，展示一个能够反映职业准则内涵或重要性的实际工作场景或工作细节。安排学生 2 ~ 3 人一组，用一周的时间进行准备。

- 用前半节课的时间，抽选部分学生上台进行表演，每组表演时间控制在 5 分钟以内。在观看其他同学表演的同时，要求学生写下对表演中所反映的职业准则内涵的个人认识，统一上交。
- 用后半节课的时间，根据学生上交的个人见解，对各组表演进行点评，公推出一组最能够展现该职业准则真谛的表演，并共同探讨该职业准则的真谛究竟是什么。

通过活动，一方面能够活跃课堂气氛，有助于提高学生的学习效果；另一方面可以全面直观地了解学生对于职业准则内涵和真谛的理解，从而更有针对性地进行指导。

我问你答

小王是“屈臣氏”的一名实习生。最初被安排进入这家企业实习的时候，小王还颇为高兴，因为自己平时就很喜欢去“屈臣氏”购物，认为那儿的商品丰富，服务也好。

进入工作岗位后，小王很快发现自己作为客人所感受到的一切优良服务，都是店员辛苦工作的结果，而如今自己就要肩负这份责任。被分配在洗护区的小王，需要清楚地记住近百种的产品明细，同时还要熟悉店里每周变化的各类促销和优惠信息；每天平均要站上六七个小时，还要全程保持微笑。仅仅度过了一周的实习时间，小王就已经觉得不堪重负。渐渐地，小王的脸上开始不再有笑容，工作期间的站姿越来越不规范，对于前来询问产品信息的顾客也越来越没有耐心，甚至直接打发客人去看宣传册。为此，店长找到小王，希望她打起精神工作，做一个尽责的、尊客为上的服务人员。小王却不以为意，认为自己并没有少做工作，服务人员又不是客户的“仆人”，需要时时笑脸相迎，事事代劳，便依旧我行我素。

实习期满，综合小王的各项表现进行评估后，企业没有录用小王。小王也显得毫不留恋。但临走前，店长还是再次找到了小王，语重心长地对她说：“不论你觉得我们店适不适合你，但是只要你继续留在服务行业，就必须履行尊客为上的职业准则，尊客为上不代表低眉顺眼做客人的奴仆，而是象征着我们工作的周到和专业，希望你能领会！”店长的一番话，让小王陷入了深思……

根据小王的案例，请思考以下问题：

- 小王在实习中的工作表现符合服务行业的职业准则吗？
- 小王和店长对于职业准则的理解，孰是孰非？
- 小王的案例给了你哪些启示？

7 记好实习日记

漫说实习

故事汇

对于小方来说，现在回到学校还能看到自己当初写的实习日记作为范本被悬挂在就业指导处的展示窗里，供学弟学妹们学习，实在是一件值得自豪的事。

在小方实习时，记实习日记还仅仅是学校给学生的建议。当时，学校只是要求每名学生实习结束后需要上交一篇实习总结，但从小就有记日记习惯的小方却觉得没有每日的记录何来有价值的总结，因此决定在实习期间用实习日记代替自己原来的日记。

读机械专业的小方被分配到本地一家大型五金加工企业实习。与学校实训室的操作不同，小方很快发现，企业的生产车间对于操作的速度和精度都提出了更高的要求，再加上需要加工的产品有几十种，对应的加工机械也有十多种，整个操作流程经常包含数十个环节，漏掉一环，之前的工作就前功尽弃。尽管有工作手册的帮助，但是由于厂里机械设备的更新速度快，加工产品的要求也经常变化，所以很多时候具体的生产环节都由车间的技师重新调整和修改。为了牢记每个操作步骤，掌握每个操作技巧，小方利用实习日记，把一天学习到的知识和经验都记录下来，并在此基础上一周汇总一次。根据每个产品的加工过程，整理出完整的工作流程和技术要求后，小方再请车间的老师傅检视一遍有无差错，作为自己的书面积累。

除了记录专业技术知识，小方还会记下师傅的一些经验之谈和对自己的工作建议，然后时时回顾，检视自己有没有在工作中活学活用师傅的经验，以及有没有真正消化吸收师傅的工作建议。

因为自己对数字不太敏感，小方将所有与数字有关的工作内容记在实习日记里，避免出错。一次，师傅在向隔壁车间交接加工过的产品时，发现双方的数字对不上，由于这批产品是前一天下班后师傅加班完成的，还没来得及由专人进行统计，所以一时没了凭据。而当天小方是跟师傅一起加的班，小方立刻找来了自己的实习日记本，发现上面记的产品数字和师傅的记忆相符，不过有注明其中先送来的一批产品加工完成后已经送到对方的车间。根据这条线索，对方车间同事跟昨天值班的同事核实后发现情况属实，是值班同事忘记记录，才造成了误会。小方的细致认真，得到了师傅的夸赞。

一次，企业的技术负责人忽然下车间抽查，因为不了解小方的身份把他也一同叫了过来。负责人指着具体的加工产品一个一个地抽查询问，轮到小方的时候，小方回答得比老员工还流利。负责人夸赞小方记性好。师傅问小方怎么记得这么清楚？小方告诉师傅不是自己记性好，而是在实习日记里记过，昨天翻看实习日记时还翻看到了，所以能记得清楚。

实习临近尾声，小方的实习日记已然变成了一本厚厚的“书”。从师傅和车间同事身上学习收获颇丰的小方，想在临走前回馈大家，于是就仿照电影《杜拉拉升职记》里女主角根据公司内部报纸和宣传册制作了一份可爱有趣的企业剪报的情节，用自己的实习日记做了一份车间备忘录。

平时就喜欢画画的小方，利用最后一周实习的空档时间，把车间里的各个操作机械用漫画的形式画出来，再配上自己实习日记中记录的操作步骤和保养要求，以及各位前辈同事的点评和感想，制作了一本独有的车间工作备忘录，临走前送给大家。师傅和车间同事颇为感动，把这本备忘录挂在了车间最显眼的位置。

学校得知小方在企业的优异表现，在实习总结大会上公开表扬了小方，将小方的实习日记作为范本留存下来，并将记实习日记作为以后学生下企业实习的任务要求之一。

实习指导站

常言道，吾日三省吾身。反省和总结是一个人不断进步的重要途径，我们也许做不到像圣人一样一日三省，但一日一省还是可以尝试的。而要让自省不至于沦为空谈，有凭有据就成了关键，日记无疑是最好的帮手。每日记录我们工作和生活中需要记录的事，可以更好地梳理和总结自身的得失。

尤其是在实习过程中，所有的见闻对实习生来说都是全新的体验和收获，如果不及时做记录，事后可能就全忘了，就无法起到长远的指导作用。在做实习总结的时候，常常出现记流水账，或者毫无意义的空话套话，这都是因为在实习的过程中没有时时记录、时时总结的缘故。

此外，在记实习日记的时候还要用心记、用脑记，实习日记要避免写成每天做了什么、吃了什么、说了什么的流水账，应该像案例中的小方一样有选择性的重点记录，比如工作的流程、操作的技巧和前辈的嘱咐等内容，以及一些根据自身实际情况需要记录并提醒自己的内容。比如对数字不敏感的小方，对所有经手的数字都进行记录，并时时翻看，时时回顾，时时提醒自己。

好记性不如烂笔头，记好实习日记不但有助于我们在实习期间的学习和能力提升，还有助于我们练就良好的文字表达能力，在未来的职业生涯中能够多一技傍身。

课堂情景互动

在班级内举办一次实习日记写作学习会。

- 搜集前几届学生上交的实习日记，提前下发给学生，让学生分析它们的优劣。
- 在实习日记写作学习会上，先组织学生讨论之前下发的几篇实习日记孰优孰劣，以及具体的原因，再让学生逐条总结实习日记的写作原则。

● 根据学生的讨论结果，由教师作出点评，并对学生总结的实习日记写作原则进行补充，最后公布实习日记做得较好的几位作者的就业情况。

通过提前学习实习日记的写作方法，让学生做好记实习日记的相关准备。通过展示学长学姐们的优秀实习日记，以及对应作者良好的就业情况，使学生认识到实习日记的实用性和重要性。

我问你答

家里经营旅馆的小陈看不惯上门服务的空调维修工人，总觉得他们的效率一般，态度也不怎么好，没想到有一天自己也成为他们中的一员，这才体会到当中的辛苦和不易。

实习期小陈进入了本地一家知名的空调企业，从事空调安装与维修服务。实习期正值盛夏时节，是企业一年中最繁忙的时候，小陈跟着师傅每天早上7点上班一直要忙到晚上7点。因为需要服务的客户众多，所以师傅和小陈的工作效率就要大大提升，作为新手小陈常常跟不上师傅的工作节奏，不但经常递错工具，就连基础的工作步骤也常常搞错。一切都看在眼里的师傅，建议小陈不仅要读熟工作手册，还应该带个笔记本，把每一次的安装和维修情况记录下来。因为机械在运转中出现的问题千变万化，不是光靠工作手册或指南就能解决的，很多时候是需要根据实际情况想办法。把每次遇到的问题和对应的解决办法记下来，时间长了，累积的经验多了，工作效率自然就提高了，师傅就是这样从新手成为老手的。

小陈虽然相信师傅的话，但是每天从早工作到晚，回到家就只想倒头大睡，根本没心思做什么笔记，就连学校布置的实习日记，小陈也是赶在上交期限前胡乱涂抹一番搪塞了事。一转眼实习期结束了，小陈的表现平平，没得到嘉奖，也没被批评，自我感觉还不错。假期回家的时候，正好家里的旅馆房间有台空调出现不制冷的问题，父母心想儿子在外干了好几个月的空调维修，正好可以给家里帮帮忙。小陈也想在父母面前表现一番，谁知拆开了外机，发现同样的问题自己在实习中就跟师傅一起处理过，但此刻却怎么也想不起当初的解决办法，小陈只好无奈地向父母摇了摇头。

根据小陈的故事，请思考以下问题：

- 你如何看待师傅给小陈的建议？
- 小陈的经历说明了什么问题？谈谈你的个人感想。

我教你学

无论是身处学校、企业，还是整个社会中，作为其中的一份子，遵守每一个群体中的行为规范，是使自身顺利融入群体，被集体所接受的重要一步。同理，作为实习生，在踏入职场之初，遵守一个职业人的行为规范，是实现自身身份转变的第一步，因此，需要注意以下几点：

- 保持良好的职业形象。在仪容仪表上遵守企业的相关规定，以展现标准的职业形象和便捷高效地开展工作为第一准则。
- 培养良好的时间观念。养成良好的作息习惯，学会合理安排自己的工作，分清工作的主次和缓急，井然有序地开展工作。
- 对于企业的工作安排要做到绝对服从。服从上级的工作安排，既是对上级的尊重，也是履行自己的职责。
- 严格遵守企业的规章制度。规章制度保证了企业管理的有序化和规范化，严格按照企业的规章制度办事可以避免人为的出错和失误。
- 灵活使用企业的工作手册。对新员工来说工作手册既是了解工作岗位的指南，也是规范日常工作流程的指引。
- 学习理解行业准则。知晓和理解自身从事职业的准则，是成为一名职业人的基本前提，可以通过观察行业前辈的行为，听取前辈的教导来深化理解。

- 学会记实习日记。每日记录实习工作和生活中的所见所闻、所思所想，可以更好地梳理和总结自身的得失。

心态篇

保持乐观积极、健康向上的心态，是实习生提升自身综合素质，做好实习工作的前提。从学校走向企业，从学生转为实习生，学生的心理状态不可避免地会出现一定的变化和波动，需要及时作出调整。一个良好的心态往往起到事半功倍的效果。

“心态决定命运”，一个健全的心态比一种智慧更有力量，因此调整好自身的心态，才能以最好的状态进入实习岗位，最大程度地发挥主观能动性，充分利用实习岗位这一平台，提高自己的职业能力，实现更好地就业。

1 打杂“影后”

漫说实习

故事汇

我们听说过奥斯卡影后、金马奖影后、金鸡百花奖影后，还从没有听说过打杂“影后”的，然而实习生小田却被戴上了打杂“影后”的“桂冠”。

小田实习时，进了一家网络公司做网站编辑。跟所有的实习生一样，小田满怀期待地进入公司，希望能在实习期间有所收获。然而事与愿违，刚上班没几天，小田就发现职场生活远不是自己想象的那样简单。

高强度、快节奏的工作方式压得她喘不过气来，每天只有一小部分的时间是做编辑工作，其他时间要承包公司人事、行政、秘书等所有的打杂工作。打印、整理档案、做考勤表、办理各种年检、交医保社保、公积金、收发传真、登记、端茶送水……这些杂七杂八的事情占据了小田绝大多数的时间。

“在公司事情再多，只要领导觉得我可以完成，就不会再找一个人跟我一起做。”小田回忆道。整整一个多月，她在公司根本没有时间做编辑的工作，而且一天下来非常辛苦，每天都是累到回家直接躺床上，她觉得自己当初的理想抱负都没有实现，绩效工资又少得可怜，这些都让小田产生了辞职的念头。

一个周末，公司打印机坏了，经理打电话让在家休息的小田赶去公司救急，因为全公司只有小田用打印机最熟练，所以经理就想到了她。虽然心里有千万个不愿意，但小田还是去了公司，并且很快就解决了问题。在周一的职员大会上，小田因此受到了领导的表扬，其他几次出色的表现也都得到了领导的肯定。渐渐地，她开始感受到自己所发挥的价值，也开始用心“打杂”了。在此后的实习日子里，她“打杂”得越来越顺手，也做得越来越出色。公司的同事都戏称她为打杂“影后”，她也认同并接受了这个称号：“打杂有打杂的好处，起码办公室、人事、行政的工作我都接触过，积累了经验，就算要跳槽，除了网站编辑之外，其他岗位我也都可以考虑。”

态度决定一切。对刚入职场的实习生来讲最基础的工作才是最锻炼人的，只有不断积累才能让自己的经验更丰富。踏实做好自己的工作，机遇也许就在下一个转角处等着你。

实习指导站

不积小流无以成江海，不积跬步无以至千里。初到单位实习的学生对工作的概念还不是很明确，普遍存在着一种错觉：实习只要做好与自己岗位有关的某一项工作就行。其实不然，在实习过程中提高自身的综合素质，提升自己适应单位和社会的能力，不断积累工作经验才是最重要的。

实习是一个展示能力的过程。在企业领导不了解你的品性和能力的情况下，是不会对你委以重任的，打杂恰恰是一个机会。能做好小事不简单，长期做好小事更不简单，做到别人做不到的程度就是价值所在。案例中的小田就是打杂打出了一片精彩，在打印机出现问题的情况下，只有她能迅速地解决问题，因此受到了领导的表扬和肯定。这与她平时的打杂工作是分不开的。

实习也是一个历练的过程，打杂看似琐碎，却是一个锻炼自己综合素质和能力水平的绝好机会。在学校里学到的一般都是理论知识，或者是针对某一专业的技能，而打杂却有机会让你接触到各种各样的工作。案例中的小田除了做网站编辑之外，同时还兼任了公司人事、行政、秘书等所有的打杂工作，虽然辛苦，但在这个过程中，积累了经验，以后就业就多了选择，而不仅仅局限于做网络编辑。

巴菲特曾经讲过一个关于人才的故事，他说，一个大学班级里几十个同学，水平都差不多，彼此不分伯仲，那么如何来评判他们的高下呢？

巴菲特给出的答案是每个人的非智力因素，也就是一个人的品性，是否诚实、踏实，是否值得信任、托付。

实习生到一个单位打杂，就是展现自己心性的过程，因此一定要摆正自己的位置，正视自己的能力，踏踏实实做好自己每一项需要做的工作，打杂也要展示出最出色的自己。

课堂情景互动

上实习指导课时，老师可以组织进行“打杂我最牛”比赛。

- 给全班学生布置资料输入、文档打印、资料复印、联系敲章、发传真、订飞机票、电话通知等几项琐碎的工作任务，要求学生合理安排时间。
- 四人一组，一人操作，三人记录正确及错误的行为，最后根据完成时间、完成质量和记录点评作为评定标准，评选出最牛小组。

通过全体学生参与比赛，感受到打杂的不易，思考如何将小事做好、做到位，以提高学生基本操作技能，培养良好的工作心态。

我问你答

小徐，工商大学新闻系学生，在一家地方媒体单位的后期编辑部实习。实习近一个月的时间了，但她对于这一个月来的实习生活非常不满。

“这一个月来基本没学到什么东西，每天只是帮老师打打下手。”小徐说，自己有时候不仅要帮老师取快递，甚至还要帮办公室里的其他老师去拿快递。小徐甚至都怀疑自己是单位里的快递收发员。此外，还有其他同事让她做很多杂事。她觉得这些工作跟自己的专业毫无关系，便萌生了辞职的念头。

根据上述案例，请思考以下问题：

- 小徐想辞职的主要原因在于什么？
- 为什么很多企业只给实习生做一些杂事，而没有分配给他们一些挑战性的工作任务？
- 从小徐的经历中，你得到了什么启示？

2 完成角色转换

漫说实习

故事汇

作为船舶维修专业的学生，小华在实习的五个月里完成了从一名学生到船厂工人的转换。2015年3月，小华进入长宏国际公司实习，这是小华第一次正式与社会接触，踏上工作岗位。小华的心里很忐忑也很开心，因为在厂里，他可以学到很多以前书本上不曾有的知识，对造船行业也将有一个更加直观的认识。可是他也清楚地知道一旦走出校门、踏上工作岗位，就再也不是学生，而是一名职业人。

作为一名准职业人，首先要具备最基本的职业素质，从心里上将自己当成职业人。以前在学校里，或许还可以睡睡懒觉、不想去上课就逃课，但是现在到了企业，就完全不一样了。在长宏国际，小华切身感受到实习生活与学校生活的不同：走在加工车间，高噪声、时不时的焊渣、各种混杂的气味……相比于学校的安宁舒适，真是天壤之别。但是正如在长宏生产一线工作多年的老工程师所说："现场是最好的老师。"小华每天做的工作除了焊接就是搬运工具，看似简单却也马虎不得，一个小小的错误就可能带来巨大的损失。所以他必须学会克制自己，不能随心所欲，万事以企业的利益为重。

实习到第三个月时，小华已经能够做一些简单的船舶维修工作。一天下午临近下班时，师傅告诉小华，今天有一艘出了故障的大型船只，需要紧急修理，老板要求必须连夜修理。小华当时心里非常纠结，那天正好是他的生日，他的好朋友也特地从各地赶过来要为他庆祝生日，酒店里已经摆好生日蛋糕、订好酒席，就等他这个寿星了。但是如果他在这个时候离开工厂，由于任务重、时间紧、厂里人手又不够，这项任务肯定不能按时完成。就在他心烦意乱、做不了决定时，突然想起了离校实习前班主任跟他们说过的话："出去实习肯定要吃苦，有些困难肯定要克服，要有团队意识，不能再使小性子，只有找准自己的角色定位，才能取得比别人更好的成绩。”小华终于下定决心，拿起手机给在酒店的朋友打电话：“我临时有紧急任务，不能过去了，你们玩得开心点。”挂断电话，小华立刻全身心地投入到船只修理当中。

大家同心协力连夜把船只修好，保证船只第二天正常运货，对方领导知道以后非常高兴，给予小华他们很高的评价，还说：“以后船只有什么问题就来长宏修理，这样的团队、这样的素质靠得住。”后来，单位领导听说了小华过生日的事，非常感动，拍着小华的肩膀说：“好好干，你会有出息的。”这一刻，小华的心里有一种前所未有的充实感，虽然自己的生日没有过成，却完成了一次从学生到职业人的转换，做到了一名职业人应该做到的事。

五个多月的实习期虽然不长，但是小华在这里学到了很多关于做人、做事的宝贵知识。只有在造船生产一线真正做过，只有在太阳下面晒过、风雨里走过，才能真正磨炼自己，才能学到造船生产最有用的东西，也只有这样，才会为今后的发展奠定更坚实的基础。

实习指导站

人生就像一个大舞台，每个人在这个大舞台上演绎着各种各样的角色。一出戏结束，另一出戏也就随之而来，每个人的角色也就随着剧情的不同而改变。从学校走向社会，从学生转为职业人，是人在一生中的重要转折点，学生应当以积极、正确的心态去认识新角色、接纳新角色并努力扮演好新角色。

然而，企业跟学校有着太多的不同：在学校里，只要遵守校纪校规，完成学业就够了，并不存在太大的竞争压力，并且还有老师和家长的关心与呵护。在企业，不仅要遵守企业的规章制度，完成规定的工作任务，还要主动承担责任，保质保量地做好本职工作，从而体现作为企业一份子的价值所在。

那么如何完成两者之间的转换？首先要培养职业兴趣，热爱本职工作。浓厚的职业兴趣是学生向职业角色转换的基础。刚刚走上工作岗位的实习生一定要尽快摆脱学生的学习生活模式，如果“身在企业心在校”，经过几个月乃至一年的实习期还不能完全适应企业生活，不利于职业兴趣的培养和日后工作成绩的展现。乐于吃苦也是职业转换的重要条件，在角色转换中，不可避免会遇到种种困难，要有吃苦耐劳的精神，还要有克服并解决困难的决心。

其次，要善于发现，善于思考。实习生进入企业实习，只有具备一双善于发现问题的“鹰眼”，才能充分运用自己所学的知识去努力解决问题，掌握第一手资料，学到书本上没有的知识。还要善于观察并思考职业内部体系，在掌握职业规律的基础上，有自己独到的见解，逐步培养起独立展开工作的能力，更好地扮演职业角色。

再次，要虚心学习，提高能力。要想实现职业角色转变，单纯地依靠学校里已有的知识是完全不够的，随着新知识和新技术的日益更新，更多的知识和能力还是要从工作实践中去学习和锻炼。实习生在进入企业以后要不断地学习新知识，向有经验的技术人员、师傅取经，提高自己的工作能力，这也是职业角色转变的重要手段。

最后，要勇担责任，无私奉献。实习生到企业实习，一开始就应当严格要求自己，树立主人翁意识，集体利益高于个人利益，增强责任感，任劳任怨，不计较个人得失，从而促使自己更快更好地实现角色转变。小华就是一个典型案例，为了按时完成任务，保证船只的正常供货，主动放弃了自己的生日宴，选择留在厂里帮助维修，为企业赢得了声誉，也为自己赢得好评。

课堂情景互动

在实习指导课上，教师可以安排学生饰演“角色转变情景剧”。

- 确定剧本内容。职场新人郭晓琳在进入公司实习时受到同事轻视。一次接到任务，并且没有顺利完成而受到打击。后来经过请教同事、与客户直接联系，了解客户需求并且调整自己的心态从而顺利完成工作任务，并得到同事和领导的认可。体现出作为一名专业职业人的基本素养。
- 选择学生演员。选定学生分别扮演职场新人郭晓琳、职场老员工小王、单位领导吴总。
- 利用课余时间排练。把情景剧的流程和剧本内容梳理、排练一遍。

通过情景还原，让学生能更进一步感受到职业人与学生之间的不同。

我问你答

2015 年 9 月，小曹去了众泰汽车有限公司实习，实习岗位是汽车维修和零件焊接。有一天，带他的师傅拿了一包螺母过来，让他数清楚有多少个，但是小曹很不情愿，觉得这么小的螺母值不了几个钱，而且这么多螺母一个一个数，不知道要数到什么时候。

这是师傅要求做的工作，小曹不敢明目张胆地不做，只得心不甘情不愿地开始数。在数的过程中，小曹心不在焉，总是数着这堆忘了那堆，翻来复去，效率低下，最后报总数时还出了错，导致会计人员在计算成本时也出现了误差。

根据上述案例，请思考以下问题：

- 小曹为什么不情愿数螺母？
- 企业为什么让实习生做一些看起来并不起眼的小事？看似不起眼的小事又有什么大作为？
- 上述案例给你带来了什么启示？

3 树立强大的自信心

漫说实习

故事汇

两年的职高生活很快就要结束了，小军的心里没有即将踏上工作岗位的激动和欣喜，更多的是对未来的迷茫和恐惧，他觉得自己还没有做好踏上工作岗位的准备。当班主任宣布所有同学都将在9月份前往实习单位实习时，小军的心里更不是滋味。

在实习带队老师的陪同下，小军和几名同学去了福日工贸实习。刚到厂里时，杨厂长非常热情地接待了他们，并介绍了工厂的基本情况和发展前景。同时，杨厂长还告诉他们，厂里希望能够培养一批懂技术的管理人才，只要他们肯好好学，以后就有可能成为车间主任。听了杨厂长的一番话，小军的心情平复了不少，没有一开始的那种忐忑不安了。

实习第一天，由于小军性格内向，一句话也没有主动跟同事讲过，总害怕自己讲错。别人问他问题，他也只是很小声地回答。这样久了，厂里的同事就觉得小军很难接近、不好相处。没过几天，师傅分配小军做焊接门面的工作，这对小军来讲又是一项挑战。他之前没有做过类似的工作，而且刚来厂里没几天对各项工作都还不熟悉，再加上这项工作难度并不是很大，担心做不好会被同学嘲笑、被师傅指责。

虽然小军的内心充满了自卑和担忧，但还是鼓起勇气接受了焊接门面这项工作。在焊接过程中，师傅怎么说，他就怎么做，生怕一不小心出差错。一开始，师傅还乐意告诉小军应该怎么做，可时间一长，看着小军畏手畏脚的样子，就叨叨起来："怎么这么不灵活，什么事情都不会自己琢磨着做……"小军的心里充满了委屈，对自己的能力产生了怀疑。

不久，组长来车间检查工作，发现小军经常将手头上的事情做完以后就不知道该干什么，跟不上大家的工作节奏。组长站在小军身边看着他操作，没想到小军的速度更慢了，还经常犯一些低级错误，比如在打磨时把焊点打下来等。组长看出了小军的问题所在：害怕自己出错，在操作过程中过于紧张，不敢放开手脚大胆去做。组长并没有责怪小军，反而耐心地给小军讲解焊接的每一个步骤，告诉他不要紧张，相信自己是可以做好这项工作的。

"对，就是这样，做得很好！""先熟悉操作步骤，再加快速度。""你很仔细……"自那之后，组长的鼓励时常在小军的耳边响起，小军做起事来也慢慢利索了，越做越快、越做越好，在完成师傅交代的任务以后也能自己主动承担一些事情。小军渐渐赶上大家的工作节奏，人也变得开朗起来，也与同事们打成一片。

自信就像是一剂良药，治愈了小军内心的紧张和不安，让他在实习过程中克服困难。实习让他明白，人生的道路上总会遇到未知的挑战，困难也好、荣耀也罢，都应该以阳光、自信的心态去迎接和面对，过多的自卑心理只会阻碍前进的脚步。

实习指导站

大诗人李白说得好，"天生我材必有用。"作为应试教育考场上的失意者，职校学生或多或少存在着不自信的心理问题。一个对自己没有信心的人，不论做任何事都会缺乏一种积极前进的动力，害怕去尝试，害怕犯错误，这样就不能成长为一名企业所需要的人才。因此，对初入职场的实习生来讲，要在实习过程中找到自己的闪光点，相信自己的能力，树立自信心，从而克服障碍。案例中的小军就是在进入企业实习时不相信自己，总担心犯错，做事畏手畏脚，导致工作中频频出错、效率不高。

为了避免出现小军这样的情况，实习生应该如何在实习过程中找回属于自己的那份自信呢？

第一，正确认识自己，愉快地接纳自己。人对自己的认识并不是一种抽象的概念，而是伴随着对自己的情感态度、自我评价而产生的认知。孔子有曰：“君子坦荡荡，小人长戚戚。”从心理学角度来讲，君子一般心情开朗，悦纳自己，而小人则常常自苦、自卑、自怜。每个人都会有自己的弱点和长处，有些人在平时的生活工作中，既不能发现自己的优点，又找不到自己的弱点，从而一直抱着自我怀疑、自我否定的态度。所以要找回自信，首先就要正确认识和了解自己。

第二，主动与人交流，敞开自己的心扉。自信的人肯定不是一个自我封闭的人，他会愿意展现自我，让别人了解自己，看到自己的优点和缺点，既不会过分依赖他人的赞美和夸奖，也不会刻意回避他人的批评和质疑。敞开自己的心扉，主动和周围的朋友、同事、老师交流，倾听别人对自己的建议和看法。这既是一种自信的表现，同时也有利于促进自身发展，不至于在遇到失败和打击时，瞬间被打败。

第三，给自己制定合理的目标。根据自身能力水平制定切合实际的目标，不要定过低或者过高的目标。过低的目标太容易实现，不利于提高自己的自信心，过高的目标，不易实现，反而会影响自信心的建立。制定的目标最好是用力跳起来就能触碰到的。

第四，保持足够的耐心，学会独立。自信是一种由内而外的气质，不是一朝一夕可以形成的，需要长时间的培养和孕育，保持一颗平和沉稳的心，在实习过程中练就属于自己的专长技能。此外，实习生一旦进入企业就会被当成是一名独立的准职业人甚至是正式员工，意味着你需要对自己的行为负责。所以实习生要学会独立完成工作任务，独立解决工作中出现的问题，独立承担可能会遇到的批评。这种独立能力的形成也会为自信心的建立提供源源不断的能量支持。

第五，建立自信的外部形象，加强积极的心理暗示。一个人，保持整洁、得体的外部形象，举止洒脱，行为端庄，给人一个良好健康的精神面貌，有利于增强自信心。当你碰到困难时，要坚持对自己进行正面的心理暗示，告诉自己“我能行”“我能做得更好”“我很棒”……不断重复暗示自己，以提升自信心。

案例中的小军在组长鼓励、帮助下，树立了自信心，能够在工作中逐渐进步，慢慢得心应手。可见适当的赞美和肯定对一个人自信心的建立也有着重要作用。

课堂情景互动

上实习指导课，可以举办一次“自信之人最美”的演讲活动，学生自愿报名参加。主题可分为以下 3 类：

- 讲述跟自信有关的名人轶事。
- 讲述自己关于自信的感受和看法。
- 讲述自己的亲身经历。

其他同学担任评委，在同学演讲结束以后，从演讲者的精神面貌、外部形象、举止动作各方面进行打分，并做简单评价。

通过这样的形式让全班同学都参与到活动当中，认识到树立自信心的重要性以及如何树立自信心，为以后能以自信的心态和面貌参加实习做好准备。

拓展营

灰兔唱着欢乐的歌，蹦蹦跳跳去小溪边喝水。它看到正在沙滩上唉声叹气的白兔，就关心地问：“你是身体不舒服，还是有什么不顺心的事？”

白兔摇了摇头，说：“我身体没有什么不舒服，就是感叹命运太不公平。你难道不觉得在所有动物中我们兔子是最不幸的吗？”灰兔笑着说：“我生活得很快乐，没有你所说的想法啊！”白兔说：“大象有象牙和有力的长鼻子，谁都不敢欺负他；刺猬浑身有尖刺，老虎也拿它没有办法……这森林中大大小小动物都有各自的防卫武器，我们兔子却什么都没有，要生存多么艰难啊！”

突然，大灰狼从树丛后跳出来，张牙舞爪向白兔和灰兔扑过去。白兔见大灰狼就在眼前，吓得浑身发抖。灰兔见大灰狼气势汹汹地扑过来，一点儿也不惊慌。它迅速转身，用臀部对着大灰狼，镇定地趴伏在沙滩上一动不动。大灰狼想，灰兔一定是被吓晕了，冷笑一声，张开大嘴就去咬灰兔。灰兔见时机已到，两只有力的脚快速地拨动沙子，沙子像子弹一样向大灰狼射去，霎时，大灰狼的眼睛里、嘴里满是沙子。大灰狼没有想到灰兔有这一招，揉着眼睛跌跌撞撞逃走了。

白兔见灰兔打败了大灰狼，十分佩服，说：“你真了不起，打败了凶恶的大灰狼。你为什么见了强敌毫不畏惧，能够以弱胜强呢？”灰兔说：“我觉得生活在这个充满竞争、危机四伏的世界上，不能整天怨天尤人，只能坦然面对。有勇气和智慧，才能够战胜强敌。如果缺乏自信和勇气，那么还没与敌人交手就失败了。”白兔说：“我缺乏自信和勇气，是因为觉得自己没有实力啊！”

灰兔指着自己有力的双腿说：“有了自信和勇气，就可以在不断的锻炼中积累起实力。”

如果一个人丧失了自信和勇气，也就失去了取得成功的可能性。

4 寻找工作中的乐趣

漫说实习

故事汇

2015年6月，小陈如愿进入一家酒店的财务部实习。在去酒店的路上，小陈的心里既激动又忐忑，她幻想着自己的工作场景，幻想着会遇到怎样的同事。想到再也不用坐在教室里听枯燥无味的理论知识，终于从一名学生转变为一名实习生，可以在工作岗位上实现角色转换、完成自我蜕变，小陈的心里充满了期待。

小陈的实习岗位是稽核，主要职责是审核酒店所有营业报表和账单，将所有不符合规定的表单记录在审核日记中，并向领导提供正确的营业收入报表。酒店安排她跟着老员工李师傅实习，但她觉得只是审核账单而已，只要保证价格对、时间对、数据对，一天的任务也就圆满结束了，没什么大不了的。每次看着师傅做报表，小陈在旁边总是跃跃欲试，想大展拳脚。

两周以后，小陈如愿以偿地独担大任，当她接触到那些账单时，她的内心难掩激动，一份份账单、一张张发票、一笔笔卡单，拿起又放下，一遍遍确认的满足感让小陈热血沸腾。小陈想着以前在学校里学到的知识终于可以派上用场，自己也将成为一名真正的会计人员，喜悦之情溢于言表。

面对大量的账单，小陈非常仔细地一张一张审核着，根据业务的发生取得原始凭证，将其登记在记账凭证上，然后根据记账凭证登记明细账，最后做一个科目汇总表和试算平衡表，登记入总账。几个星期后，小陈觉得工作非常简单，渐渐降低了对自己的要求。几天后，李师傅发现小陈的账册里有很多错误，比如有账单不完整，缺少了定金收据或发票，卡单也缺少一笔，还有多开混开的发票混在里面，定错价格等。原来，每天对着枯燥无味的账单和数字，小陈的热情消退了不少，甚至开始心生厌倦、烦闷，越错越烦、越烦越错。师傅对她的表现实在看不过去了，对她说："你这里的数据出现一点错误就会影响其他人的工作进度，你以为还在学校里吗？作业做错了可以修改，你现在是在工作岗位上，出了任何差错都是要你自己负责的。"李师傅的一番话让小陈压力越来越大，甚至有了想要放弃的念头。直到一位前辈不断地鼓励她："要学会发现工作中的价值和乐趣，相信自己的能力。"

小陈开始反思自己所犯的错误，是自己把这份工作想得太简单，认为只要像在学校里做作业一样，掌握基本规律，"依葫芦画瓢"就行。其实，理论和实践是存在巨大差异的，在实际操作过程中，会计工作具有很强的连通性、逻辑性和规范性。在之后的工作中，小陈又恢复了当初的热情，只是少了一份兴奋，多了一份稳重。遇到问题及时请教并做好笔记，完成一项工作都会及时总结，之后没有再出现过差错。越是全身心地投入其中，越能发现其中的乐趣。逐渐地，小陈对工作越来越感兴趣，她发现，看似单调重复的工作其实也有无穷的乐趣，对一个企业的发展更是有着不可替代的价值。

实习指导站

法国著名思想家卢梭曾经说过："每一种工作都蕴藏着无穷的乐趣，只是有些人不懂如何去发掘它们罢了。"

享受一份工作，不在于职位工种，而在于态度。实习生进入到企业实习都会遇到形形色色的人，每个人都有自己的工作态度，有得过且过的人、有满腹牢骚的人、也有积极进取的人。那么面对每天做同样的工作时，能做的不是抱怨，而是化平淡为乐趣。当你选择了一份工作时，不仅是选择了这份工作所带来的成就和满足，还选择了这份工作会遇到的挑战和困难。在这个世界上，不管你从事的是什么工作都会有遇到困难、产生厌烦情绪的时候，所以就需要在背后付出巨大的努力和艰辛。

好的心态，往往能让你克服困难，取得令人骄傲的成绩。

日本著名实业家、哲学家稻盛和夫曾经从早到晚只做一件事，就是将陶瓷粉末固定后烧结成型。这对一个大学生来讲绝对是一项繁重的体力劳动，而且天天和粉尘打交道。但稻盛和夫很快就找到了其中的乐趣："哪有大教授愿意沾上一身粉尘去从事研究呢？我们现在干的是，京都大学、东京大学的教授干不了的高精度研究，没有实践就不能真正理解精密陶瓷的本质，只有接触到实物，才能向社会提供优质产品，我们的工作是不可或缺的。"

同样的，案例中的小陈从事会计岗位的稽核工作，虽然看上去工作流程很简单，却是公司内部控制的重要组成部分。稽核工作需要具备企业管理、财务、投资、法律等综合知识，要通晓企业运营管理和财务管理，精通企业内部控制制度和相关业务流程。所以这项工作绝对不是单纯地记发票、汇总发票，而是需要从业人员极高的职业素质。小陈一开始没有认识到这一点，认为只是每天重复同样的工作，故而失去了兴趣和热情。直到后来，师傅的教导让她明白，看似简单平凡的工作，却蕴含着综合知识和技能。通过反思，她转变了工作态度，在工作中发现了乐趣，最终爱上了这份工作。

跟小陈一样，几乎所有的实习生在开始实习时都会觉得自己的工作过于简单乏味，跟自己原先设想不一样，产生心理落差，从而出现不认真、得过且过的现象。人生漫长，轰轰烈烈的时间很少，更多的是平淡。我们要学会在每一份平淡中挖掘乐趣，发现价值。

课堂情景互动

在实习指导课上，可以举行一次实习心得交流会。

- 邀请已经实习或参加工作的毕业生，给将要实习的学生讲一讲实习心得：刚进企业实习时面对每天做同样的事情、做看起来很乏味的事情时，是如何克服厌烦心理，如何在简单的工作中找到乐趣。

- 交流会上，学生可以自由提问，请主讲人解答一些学生心中的疑问和困惑。

举行实习心得交流会能让学生了解实习的真实场景，明白应该以怎样的心态去面对，在遇到困难时应该怎么解决。

我问你答

小蒋是一名销售专业的学生，2015年夏天进入一家手机大卖场实习。公司规定每一名实习生每天要卖出25部手机。每天从早上站到晚上，面对着形形色色的顾客，讲述着手机的功能特性，希望他们能够购买手机。久而久之，工作单一乏味和完成任务难度大，让小蒋失去了当时的热情，变得消极被动。

实习期很快就结束了，小蒋并没有能够留下来，大卖场的负责人告诉他："他们需要的是工作积极主动、充满热情的员工。"而小蒋并不符合这一点。

- 小蒋在实习过程中遇到了什么问题？为什么没有被大卖场留下来？
- 企业真正需要的人才应该具备哪些最基本的素质？
- 作为将要踏上实习岗位的你应该怎么做？

5 为实现目标而坚持

漫说实习

故事汇

在校四年的小董终于迎来了盼望已久的实习期。怀揣着“项目经理”的目标，他进入浙江泰合建设有限公司开始建筑实习生涯。为了以最快的速度熟悉工程，融入工作环境，刚到单位第一天，小董就在老员工的带领下去了工地。

小董一来到工地，就产生了浓浓的好奇心，特别是一想到即将在这里开始自己的实习生涯，内心就抑制不住喜悦。看着工地上项目经理和工人们正在研究图纸、分配任务、查看施工进度，以及他们忙碌的身影、庞大的工程规模和脸上敬业的表情，小董感觉到建筑从业者是如此的神圣和伟大。他更坚定明确了自己的目标，一定要成为一名出色的建筑工程师，成为“项目经理”，要朝着奋斗目标不断努力。

然而成功的路上从来就不是一帆风顺的。小董在实习的第一天就遇到了难题，学校里学的知识远不够应付实际情况，实习时遇到问题一大堆，几乎一切从零开始，他每天跟着老员工早出晚归，学习最简单的打桩、定点。第一次，当他拿到全站仪定点的时候，整个人都懵了，他完全不知道应该从哪里下手。小董在学校里没有好好学机械识图，现在到了工地上只能从零开始，跟着师傅一点一滴地学，每放一条线就要问，怎么看图纸、看尺寸，怎么放样，都需要师傅的帮助。每天早上五点半就进工地，夏天火辣辣的太阳晒得皮肤生疼，中午又只有半小时的休息时间，特别是在那样烈日炎炎的夏天，才做了一小时就感觉人不行了，头晕，想吐。一整天下来，人都快累瘫了，晚上洗澡的时候发现脖子都晒出领子的形状。

在工地上班是一件苦差事，每天起早贪黑，天天和机械打交道，甚至都让人忘了生活的色彩。而且工地上机械施工的声音很大，耳边经常会有嗡嗡的声音在响着，小董每天下班回来都是灰头土脸的。这对一个刚从学校出来的学生来讲，简直是苦不堪言。

一次偶然的机会，小董发现单位的刘师傅正在准备建造师的考试，刘师傅已经年近六十，马上就要退休了。“我学历不高、基础很差，之前也考过几次，但都没有通过，这是我的目标，我一定要在退休之前考取建造师。人应该不断充实武装自己，特别是你现在还年轻，可以学到的东西更多。”这一番话，让小董汗颜，自己年纪轻轻，吃点苦算什么，何况工地的师傅都愿意耐心教导自己。都说初生牛犊不怕虎，只要自己能够坚持下来，利用实习这个宝贵的机会，学到更多有用的知识，相信一定可以实现自己的目标。

此后，小董每天在工地弹线，砌砖，弹高标线，一步步脚踏实地走下去。渐渐的，小董会看图纸了，会划点了，会用仪器了，能够独自一人放样了……就这样，小董在“项目经理”这个目标的指引下坚持着。

实习指导站

正所谓“故天将降大任于斯人也，必先苦其心志，劳其筋骨，饿其体肤，空乏其身，行拂乱其所为，所以动心忍性，增益其所不能”。案例中的小董一进入实习单位就遇到很多困难，比如图纸不会看、定点仪不会用、工作条件恶劣等。面对这样的情况，小董也曾有畏难情绪，但当他看到年近六十的刘师傅还在坚持考建造师时，他觉得一切艰难困苦都不算什么，一定要为实现目标坚持下去。那么，能够像小董这样坚持下来的实习生有多少呢？又该如何在实习中坚持下去呢？

首先，要学会在逆境中减压。刚从学校出来的实习生更是不可能一帆风顺，多少都会遇到一些困难，而且会随之产生一些怯懦的情绪，想要躲避、退却，在一定程度上还会否定自己。这些情绪的出现都是正常的，不用刻意地压抑，而是应该接受这些情绪，勇敢面对并且清晰地认识到这种情绪是一种负面能量，最好的方法就是学会释放，采取心理暗示法，减轻自己的压力。

其次，要制定明确的目标。美国成功学创造者拿破仑·希尔有这样一句名言：一切成就的起点是渴望。所有成功，都必须有一个明确的目标，当你执着地追求目标时，就会发现所有的行动都会带领你朝着这个目标迈进。当一个人下定决心之后，往往没什么能阻止他达到目标。案例中的小董难能可贵的一点就是他在实习前就有一个明确的目标，正是这个目标才一直支撑着他坚持下来，由此可见目标动力之强大。

最后，要克服困难，持之以恒。无论在生活还是工作中，当遭遇挫折或逆境的时候，首先要保持冷静，分析产生困难的原因，了解自己所面对的难处，然后针对问题采取行动。内因比外因更重要，求人不如求己，只有练就越挫越强、屡败屡战的坚毅品格，才能克服一切困难。

学校是一座象牙塔，塔里的人不知塔外的人情世故，时世艰难，不知风雨如何，每天都是生活在自己的小世界里。一旦离开象牙塔，怀着美好的愿望和理想，准备在你所不知的世界里一展身手，可现实往往会给你当头一棒，让你遇到从未想到的困难，不管是身体还是心理。大多数的实习生都没有做好心理预期，在实习阶段难以适应辛苦的工作、紧张的节奏、恶劣的条件，很容易被现实的挫折和困难打败，于是不断更换工作和职业的现象屡见不鲜。所以，在实习阶段，实习生要不断磨炼自己的意志，朝着自己的目标坚定不移地走下去。

我问你答

小赵是技师学院酒店管理专业的学生，在今年即将实习的时候，她还没有想好要去哪里实习。后来看到富悦大酒店是一家五星级酒店，觉得可能还不错就去尝试。小赵的工作岗位是中餐厅，每天的客流量都很大，就算前五天有师傅带着，但也没有学到实际的东西。不仅要靠自己一点一点地摸索，一个人要服务好几个包厢的客人，而且还要打电话、记菜名、洗餐具。这让小赵有点焦头烂额，以前在家里连碗都不用洗，现在却要做这么多事。小赵觉得这份工作对自己来说太辛苦了，于是产生了辞职的念头。

根据上述案例，请思考以下问题：

- 小赵为什么想辞职？
- 小赵面对大量的工作时，为什么没能坚持？
- 通过小赵的案例，你得到了哪些启示？

拓展营

丹麦作家安徒生，出生在丹麦奥德赛镇一座破旧的阁楼里，他的父亲是个鞋匠，很早就去世了，全靠母亲给人洗衣服维持生活。虽然在这样的环境中过着十分贫穷的生活，但是安徒生有着远大的理想抱负，有着从事艺术事业的顽强决心和意志。

一开始他选择当一名演员，14 岁就离开了故乡和亲人，独自去了哥本哈根，他克服了生活上的重重困难，认真学习文化。起初他想学习舞蹈和表演，可是遭到了拒绝，后来被一位音乐学院的教授收留，学习唱歌。第二年冬天，他因为没有钱买衣服和鞋子而不断地感冒、咳嗽，久而久之，嗓子坏了，再也不能唱出动人的歌声，只好离开音乐学院。

然而这一切并没有打败他，从事艺术事业的心从没有动摇过，他下定决心要进行文学创作，决定用自己的笔写出人间的不平。童话是安徒生一切创作中的精华，从自己童年的体验中，安徒生深深地理解穷苦孩子生活的寂寞和痛苦。1835 年，安徒生的第一本童话集问世，其中收入《打火匣》《小克劳斯和大克劳斯》《豌豆上的公主》《小意达的花儿》四篇童话。这些童话来自安徒生自己的人生经历，“它们像‘种子’一样藏在他的思想中，一股涓涓细流、一束阳光，或一滴苦酒，就能使它们破土而出。”

从这一年起，每一个圣诞节都有一本新童话来到孩子们身边。安徒生整整写了43年，直到生命结束共创作了168篇作品，那诗一般的语言、宛转曲折的情节，使他的童话在他生前就已成为世界上拥有读者最多的读物。“丑小鸭”“坚定的锡兵”“野天鹅”“夜莺”……他赋予一切事物鲜活的灵魂，让它们歌唱。他把它们献给人类——孩子们为那奇异动人的故事而神迷；成人则徘徊在他深深的人生哲思之间，流连不去。

6 在历练中成长

漫说实习

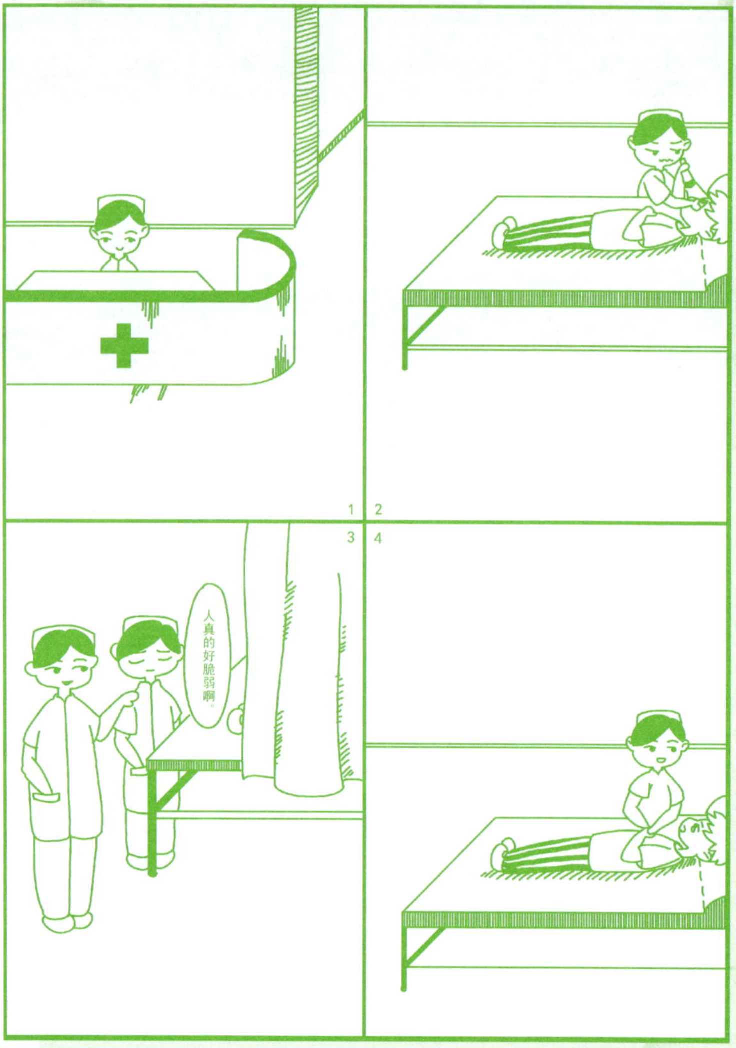

故事汇

小夏今年3月份穿着洁白的护士服踏进了实习医院。从这一刻开始，她就告诉自己：保护生命、减轻痛苦、增进健康是护士的职责。作为一名实习护士，小夏做好了吃苦的准备，使自己获得扎实的理论知识和娴熟的护理能力，为以后成为一名合格的护士打下基础。

护士实习是一项非常复杂的工作，既要学会做事更要学会做人。在实习中要争取到更多的实际操作机会，不断丰富自己的理论知识，又要学会处理自己和医生、同事、病人以及家属之间的关系，建立良好的医患关系。护士工作不仅只是打针、发药这么简单，还包括对病人心理的护理和家属情绪的安抚。

在实习中，小夏每天面对的都是被病痛折磨的病人、焦急担心的家属，还有繁重的工作和不规律的上班时间，有时，还要忍受病人和家属的抱怨，这些都让小夏一度对自己的职业理想产生了怀疑和放弃的想法。

然而一次突发事件改变了她的想法。4月的一天晚上，一位患者出现了病危的情况，由于其家属拒绝使用呼吸机，只能改面罩吸氧，而且在不断加强监护的情况下，患者的心率依旧一路下滑。这时候，实习指导医生对小夏说："你过去看看他的瞳孔，对光的反射还在不在。"这是小夏第一次遇到患者病危的情况，心里还带着一些害怕和抗拒，但是她也知道，既然选择了护士这一职业，必然躲不过这一关，于是就鼓起勇气接受任务。当她用手电筒去照患者的眼睛时，发现患者已经失去了对光的反射，同时心电监护器发出了警报声，患者呼吸停止，原先还有一丝血色的脸很快变得苍白，指尖的余温也在不到一分钟的时间内消失。

在不到几分钟的时间里，小夏看到了一个生命的消亡。在确认病人已经死亡后，实习指导医生让小夏做最后的整理，拿掉死者脸上的氧气面罩以及身上所有连接机器的数据线。此时此刻，小夏是一名护士，是一名在南丁格尔面前宣过誓的护士，即便她心里充满了恐惧，即便她的第一直觉是想逃避，但是她必须让自己镇定，因为这是自己的职责所在。怀着对生命的虔诚，小夏小心地取下死者身上所有的仪器连接线，拔掉他手上的留置针，用消毒棉签为他按压出血点。做完最后的消毒工作，铺好备用床。站在病床前的那一刻，小夏突然明白了实习指导医生让她去做这些事的原因。生命就是如此脆弱，你永远不会知道下一秒哪个生命会消失，作为一名护士，能做的就是尊重每一个生命，无论在什么时候，尽力给病人最好的照顾和帮助，陪伴他们走过这人生中最艰难的一段路。

此后，小夏对自己的职业有了更深刻的认识，不再抱怨和恐惧，作为护士，她每天面对的是这世上最宝贵的生命，必须对每个生命负责，成为一名真正的"白衣天使"。

实习指导站

随着社会的进步和人们物质生活水平的提高，人们对医疗护理质量、医疗护理安全提出了更高的要求。护理学科的发展要求护士不仅要具备娴熟的专业技能、准确的判断力，还要有与之相应的心理素质和沟通技巧。加上职业性质、环境的特殊性、不规律的工作量和工作时间以及当今社会紧张的医患关系，都给护士造成了一定的心理压力。

一是工作性质造成的压力。护士的日常工作必须以病人为中心，除了遵循医生的嘱咐之外，还需要护士全面照顾到病人的身体、心理情绪上的感受，做到事无巨细。再加上每天几乎超负荷的工作量以及不规律的作息时间对护士的健康也造成了一定的影响。

二是职业风险造成的压力。护理行业其实是一个高责任、高风险的行业，因为病症的复杂性和不可预见性，护士在护理过程中很可能发生各种各样的事故。护理工作每天离不开的就是注射、处理伤口及分泌物，稍不留神就会发生传染。自从《医疗事故条例》实施后，更是给护士工作敲响了护理安全管理的警钟，对护士造成了工作压力。

三是特殊的工作环境。护士的工作地点是医院，是常人最不愿意去的地方之一。且不说病人和家属的情绪会影响到护士，每天要应对不同的病人和家属，还要尽量照顾到他们的情绪和要求。医院里还有许多细菌、病毒、放射线等潜伏的危险，这些都或多或少地给护士造成了压力。

面对这重重压力，就算是经验丰富的护士也经常会感到力不从心，更别说刚到医院的实习生。案例中的小夏作为实习护士初到医院时也感觉到种种的不适应，但她最终战胜了自己，度过了最艰难的实习适应期。有很多的实习生都有过这样的阶段，那么如何改变这种想法，让自己以最快的速度适应这一切呢？

首先，要不断丰富自己的理论知识，尽可能地全面掌握医学、护理学、人文和社会学科知识，多阅读一些护理杂志，了解护理领域新动态、新信息，掌握护理新知识、新技术，培养和提高护理的实践能力，提高自身的综合素质。在实习的过程中，多看多学多记多动手。其次，要有一个良好的心态去面对病人和家属，不管是现在的实习期还是以后成为正式护士，都不要忘记自己在南丁格尔面前许下的誓言，尊重生命，协助医生给予病人最好的照顾。最后，实习带队老师要帮助学生正确认识护士职业的特殊性，教会学生如何更好地处理与医生、病人、家属之间的关系，多和学生沟通交流，发现学生有压力，应及时进行开导。

课堂情景互动

在护理专业的实习指导课上，进行一次主题班会活动。

班会主题：用我一颗真心给患者一份舒适

班会活动目的：护理专业的学生即将离开学校，踏上护理岗位，到各个医院实习。举行班会的目的就是为了让学生更加清楚地了解自己要面对这份职业、这份辛苦，要坚定信念。

班会流程：

- 主持人宣布活动开始，实习带队老师做发言。
- 集体再宣誓一遍南丁格尔誓言。
- 展开活动：

活动一：以随机抽签的形式，选出 10 名学生，其中 5 名扮演护士，并选择各自的护理项目，另外 5 名扮演患者。其他同学仔细观察操作过程，并在操作结束以后，做简单评价。

通过这样简单的演示和评价，帮助同学认识到护理工作中耐心和细心的重要性，同学一起学习进步。

活动二：全班学生分成几个小组，进行医院病房几个常见情景的再现，帮助患者舒缓心情，保持乐观积极的心态，用自己的真心和爱心去感化他们，帮助他们走出患病的低潮。

拓展营

弗洛伦斯·南丁格尔于 1820 年出生于意大利的弗洛伦斯城，父母就以此作为她的名字。她出生在一个名门世家，自幼在家接受父母的教育。她父亲是一个博学、有文化教养的人，为她提供了哲学、数学、古典书籍等方面的知识，但是她母亲对她很不满意，因为南丁格尔无意于婚姻，而是选择当护士。从小她就经常照看附近村庄的病人、残疾人，帮助他们减轻痛苦。她的父母非常反对她做护士，认为有损家庭荣誉，但就算如此，她也从未动摇过做护士的决心。

在那个时代，没有一个有身份的人去做护士。做护士的，往往都是一些贫苦人家的女人。南丁格尔利用到欧洲旅游的机会，了解各地护理工作，最后选定了凯瑟沃兹医院，并于 1851 年在该院参加了 4 个月的短期训练班。在学习期间，她亲身体验到护理工作要为病人解除痛苦、给予精神安慰，必须付出多方面的辛勤劳动。1853年，她在伦敦担任了妇女医院院长。次年，克里米亚战争爆发，她受政府的邀请，带领38名妇女，于1854年10月21日离开伦敦，启程前往克里米亚开展护理工作。

在克里米亚，南丁格尔发现工作很困难：军队领导对她的工作怀疑，医院的给养也短缺，护士的纪律很差。面对种种困难，她制定了规章，整顿纪律。后来由于各方面支援，医院供应好转，经精心护理挽救了很多士兵的生命。夜深人静时，南丁格尔手持油灯巡视病房，她检查士兵的伤口是否换药了，是否得到了适当的饮食；她安慰重病者，并督促士兵往家里写信并把剩余的钱给家里寄去，以补助家庭生活；她自己还寄了几百封信给死亡士兵的家属……在短短时间内，她就在士兵中成为传奇式的人物。同时，全英国也知道了这位“持灯女士”。她在克里米亚短短半年时间，士兵的死亡率由原来的50%下降到22%。南丁格尔在克里米亚患了克里米亚热，健康还未完全恢复，就继续工作。

1856年11月，她作为最后的撤离人员返回英国。回到英国后，继续忙于英国皇家专门调查委员会的军队卫生工作。1869年，南丁格尔选中了伦敦的圣·托马斯医院作为她的办学基地，南丁格尔护士学校开学时有15名女子，年龄为25～35岁，训练时间为一年，学生的食、宿、制服、学费全部免费，每年还给予10英镑助学金。

八十高龄时，她仍为护理事业持续工作着。她不停地读书、写报告，对医院建设提建议，接见那些想与她讨论工作的人，会见护士们，询问她们的工作。从南丁格尔护士学校毕业的护士们曾到世界各国帮助改进医院护理工作。南丁格尔最大的成就就是创建了护理专业，然而其影响却远不止于此。

南丁格尔以最高贵的奉献精神把一生献给了护理事业，英国人把她看作是英国的骄傲，为她在伦敦树立了铜像，并把她的大半身像印在英国 10 英镑纸币的背面。美国大诗人 Long fellow 为她作诗，赞美她的精神是高贵的，是女界的英雄。如今全世界都以 5 月 12 日为护士节纪念她。南丁格尔被列入世界伟人之一，受到人们的尊敬。

7 保持终身学习精神

漫说实习

故事汇

时光犹如白驹过隙，匆匆而逝，高二学期很快就结束了，学生也要开始进入实习了。小张在7月份的学校招聘大会上，经过本人和企业的双向选择如愿进入大东吴汽车电机有限公司实习。由于公司先进的管理理念和小张坚实的专业基础，使得他进入公司后如鱼得水，受到了单位师傅和领导的好评，小张还在一次车间比赛中获得了第三名的好成绩。一个月以后，小张被任命为小组长。

和其他的职校学生一样，小张的操作技能比较强，但理论知识相对薄弱，然而，若想以后有更大的发展空间，理论和专业技能同样重要，不可忽视。一天，车间领导找到小张，告诉他有一个去杭州学习理论知识的机会，希望他能够去参加。可是小张觉得出去学习理论知识枯燥又无趣，不但不能锻炼自己的技能，而且“出门万事难”，还不如呆在厂里，多学学实际的东西。小张放弃了去杭州学习的机会。厂里的工作量很大，晚上经常要加班，连固定的双休日都没有，小张也没有时间去参加10月份的成人高考补习班，更别说自己抽空复习了。10月份的成人高考，他的很多同学都榜上有名，而小张却名落孙山。

然而小张觉得这都无关紧要，在他看来，自己是蓝领，靠技术吃饭，理论知识差点也没什么关系。半年后，单位把表现好的实习生转为正式员工，工资待遇有了大幅度的提高。可这一切与小张无缘，因为经过单位领导的考察，小张没有外出培训的经历，也没有大专文凭，这样的员工缺乏发展潜力，虽然技能水平不错，但是提升的空间并不大。小张顿时觉得非常委屈，因为不少技能不如他的实习生都被转正了，他就去找单位的王师傅:“凭什么他们水平比我差，还转正了？理论知识对操作也没什么用啊，我会操作，会用机器不就行了吗？”王师傅摇摇头，告诉他:“小张，这种想法是不正确的，理论知识能够帮助你更好地提高技能水平，实际操作技能也能促进理论知识的吸收。理论知识和专业技能就像是人的两条腿，少了哪一条都不行。”

听了王师傅的一番话，小张认识到了理论学习的重要性，也知道光有技术是不行的。在接下来的半年时间里，小张积极上进，主动参加单位里的各种学习活动，他就像是一块干燥的海绵浸到了水里，吸收着不擅长、不感兴趣的理论知识。第二年6月，小张抓住了有利时机，在实习结束之前被单位留用，成为了正式员工。同时，他还利用空余时间参加成人高考补习班，认真学习补习班的课程，为10月份的成人高考做准备。

实习指导站

在这个信息爆炸的时代，知识也在以惊人的速度更新着，如果实习生没有保持终身学习的精神，就不可避免地会被淘汰。所以，为了能够跟上行业发展的步伐，跟上社会的脚步，实习生更应该时刻保持终身学习的心态。

然而，大部分学生的理论知识相对比较薄弱，对自我学习的要求较低，更缺乏终身学习的意识。学习是人类认识自然和社会、不断完善和发展自我的必经之路，无论是一个人、一个团体还是一个社会，只有不停地学习，才能获得新知识，增长才干，跟上时代。党的十六大提出了：“要形成全民学习、终身学习的学习型社会，促进人的全面发展”的要求。这就是从深度和广度上对学习提出了更高的要求。早在1994年，联合国教科文组织在意大利罗马举行了“首届世界终身学习会议”，提出了终身学习是21世纪的生存概念。终身学习的理念被越来越多的人所接受，终身学习也成为时尚。

首先，“知识就是力量，知识改变命运，知识才是财富。”我们从小在学校接受教育，所获得知识无疑也会让人受益终身，但不能完全适应现代化的教育需要。学生在职校获得的知识是有限的，更多的需要自己在学校外的教育中获得。人不能固守着已有的知识而奢望它可以管用一生。当今世界，科技发展突飞猛进、信息量与日俱增，社会各个领域的科学知识也在从单一走向融合，不断往更深、更广的层面发展。终身学习就显得尤为重要。自 2001 年我国加入 WTO 以来，对外语、经济、法律、计算机信息技术的水平要求程度又更高了。

其次，这个时代的要求就是终身学习，学习一切反映当代世界的新知识，学习做好工作所必需的一切知识，包括专业技能和理论知识。知识挑战的严峻程度有目共睹，每门学科都是学无止境，专业知识更新周期也是越来越短，旧知识淘汰很快，随时面临知识危机。特别是像机电专业的学生，随着工作的深入和难度的增大，不可避免地会接触到一些外国设备，如果外语水平没有达到一个层次的话，就不能顺利地操作设备。

再者，21 世纪也是一个全新的世纪，知识老化加速，职工更替频繁，社会变化加剧，任何人都不可能一劳永逸地拥有足够的知识，而是需要终身学习。“活到老、学到老”是新世纪每个蓝领应有的终身学习观。但是有些实习生并不具备这样的素质，如案例中的小张，认为蓝领工人只要有技术就足够了，这样的观点是完全错误的，小张就是因此而错过了外出培训的机会，从而错过了第一次转正的机会。

课堂情景互动

上实习指导课时，进行一次“专业理论知识竞赛”。

- 老师将全班学生分成 5 ~ 10 个小组，每个小组人员可以让学生自由组合并选出组长。
- 竞赛前，老师可以指定一定的范围或者题库，让学生有针对性地进行复习。题目可以由必答题和抢答题组成，必答题为每个组的每个同学必须回答的题目，在规定时间内答对可得1分。抢答题由每个组同时抢答，答对得2分，答错倒扣1分。

- 统计每个组得分，并给予表现优秀的小组颁发纪念礼物，以增强学生对专业理论知识学习的兴趣。

我问你答

3月的一天，在某上市企业上班的小李，由于操作失误导致一台进口机器“瘫痪”，需要请国外的技术人员过来维修，损失几十万元，小李因此被公司开除。经过询问后得知，小李由于英文水平差，加上在培训时没有认真听讲，所以看不懂机器上的说明，在操作时按错按钮，导致机器烧坏。

根据上述案例，请思考以下问题：

- 机器为什么会损坏？
- 如何避免类似的现象发生？
- 结合自己的工作岗位，与身边的同学交流一下终身学习的必要性。

我教你学

有人说，实习是迈向职场的第一步，这一步走好了，能为以后求职发展锻炼能力，积累经验。而作为实习生，保持良好的心态也是做好工作的起点。因此，实习生需谨记以下几点：

- 从小事做起，完成从学生到企业员工的角色转换。实习生进入到企业要积极主动地“打杂”，熟悉日常事务，保质保量地完成自己的工作任务，时刻保持职业人的精气神。
- 不妄自菲薄，相信自己的能力。一个做事畏手畏脚，害怕犯错误的人往往会导致工作效率低下。作为实习生要学会在新的环境中找到自己的闪光点，相信自己的能力，积极主动地展现自我，让别人了解和肯定自己。

- 学会享受工作，在平凡的工作中发现不平凡。每一份工作都有它自己的特别之处，能否发现其中的乐趣，不在于工作的职位高低，而在于自己的心态。也许你所面对的工作是一份简单到不能再简单的工作，但是要做到在平淡中挖掘乐趣、发现价值。

- 制定合理的目标，并朝着目标坚持努力。要想成功，第一步就是制定一个明确合理的目标，并且要克服困难、持之以恒地坚持下去。

- 把每一次历练当成宝贵的财富。对学生来讲，实习是踏进社会的第一步，只有在实习中保持乐观积极的心态，在面对困难时抛弃畏难心理，不断历练，不断超越，不断积累财富，才能提升能力，获得成长。

交际篇

职场上的人际交往是生产实践过程中产生的一种社会关系，是每位走出校园的实习生都将面临的问题。纵观当下的学生，在家里，他们得到了父母的宠爱；在学校，他们有老师的包容，因而很难适应职场里与领导、同事之间的人际交往模式。

为了让学生尽快融入职场，在实习之前让他们了解、掌握一些职场人际交往的要领，就显得尤为重要，如为人处事从“礼”出发，尊重他人隐私，掌握沟通技巧，言必行、行必果，宽容他人、善待他人等。在人际交往方面，学生在实习中每走出一小步，都是未来在职场上迈出的一大步。

1 为人处事“礼”先行

漫说实习

故事汇

小方是市场营销专业的学生，在校时，每位授课教师对她都有“文明礼貌”“谦逊有礼”等评价，在同学中更是受欢迎。班主任经过了解后，才知道小方的父亲是某企业的工程师，在生活中时常告诫小方：“为人处事‘礼’当先”。

小方的父亲年轻时只是一名普通的学徒。那时当学徒很辛苦，不仅要学好技术，更要包揽店里的一切杂活，稍有不慎，就会招来师傅的责骂。小方的父亲很少被师傅责骂，原因在于他懂得为人处事的一个“礼”字。父亲常常把年轻时当学徒的故事讲给小方听，让她明白为人处事，聪明很重要，但更重要的是“礼”，对师傅要谦逊，对同事要友善、礼貌，只有处理好了人际关系，才能在职场上游刃有余。因此，不管是在学校还是进入职场，小方都谨记这一点。

小方的专业是市场营销，实习期间她在一家国学机构做课程顾问，主要负责向客户讲解课程内容，帮助客户安排课程以及处理教师与学生之间的沟通协调问题。一天，小方在办公室做下学期的课程调整，突然听见大堂传来吵闹声，她立即停下工作出去了解情况。原来，同事小陈的客户因为课时安排得有出入与小陈起了争执。“我不过是有些疑惑，所以来问问，他不好好回答，还说我存心找事。”还没走近，小方就听到了客户的抱怨。“课时记录得清清楚楚，怎么会出现问题，你自己先搞清楚了再说。”小陈的性子急，平时说话就很冲，两人就针锋相对起来。

小方看到局面僵持着，同事们虽然都在劝和，但两人还是各持己见，寸步不让。这位客户平时来得比较频繁，小方与他偶尔也有交流，于是主动将客户请到自己的办公室。客户坐下后，情绪依旧激动。小方微笑着给他倒了一杯茶，说：“这么热的天，先喝口水，有事慢慢说，问题一定会帮您解决的。”“我现在生气的不是课时问题，而是小陈的态度，一点礼貌也没有。”客户直言不讳。“小陈平时做事很认真，就是性子有点急，你们坐下来慢慢沟通，互相理解一下。”小方解释说。“平时他就一点礼貌也没有，我也不跟他计较，今天只是找他询问情况，他二话不说就指责我的不是。他这样为人处事的态度，你们机构必须做出处分。”客户依旧不肯退让。

客户在小方的办公室待了一个小时，态度一直很强硬，小方从始至终态度谦和，礼貌应答，终于使客户消了气。客户走出小方办公室时，刚好迎面碰上前来视察工作的经理，就将今天遇到的事情简单地告诉了他，并说道：“如果机构的顾问都像小方一样懂‘礼’，待人接物进退有度，那很多问题就不会出现了。今天这件事我也是看在小方的面子上，不予以追究，希望其他顾问能学习她的谦和、礼貌。”

在当月的例会上，经理点名赞赏小方处事有礼，并要求每个顾问在与客户交流时，必须以“礼”相待。

实习指导站

有一样东西，叫文化；有一种文化，叫传统；有一种传统，叫礼仪。中华民族素有“礼仪之邦”的美誉。孔子曰：“不知礼，无以立。”朱熹亦说：“古者小学，教人以洒扫、应对、进退之节，爱师、尊长、隆师、亲友之道，皆所以为修身、齐家、治国、平天下之本。”可见，一个人如果不懂礼仪，很难在社会上立足、立业。礼仪的实质究竟是什么？简而言之就是恭敬。对他人心存恭敬，自然能做到有礼有节。礼仪就像一面无形的镜子，时刻提醒人们将最好的一面展现给他人。以礼待人能赢得他人的尊重，使人与人之间的沟通趋于和谐，为职场的人际关系加分。

小方的父亲除了努力学习技能外，正是凭一个“礼”字，一步步拓宽自己的事业，在以礼待人的基础上赢得他人的尊重。我们对比小方与小陈，两人的工作能力暂且不说，就为人处事而言，小方远胜于小陈。

无论在生活中还是职场上，小方都比小陈更能得到他人的青睐。既然“礼”在人际交往过程中如此重要，实习生就应该努力提高这方面的修养。

首先，严于律己，尊敬他人。实习生应该对自己严格要求，知道自己该做什么，不该做什么。此外，无论别人的身份地位如何，都应持尊重的态度。从踏进企业那一刻开始，实习生就要自我要求、自我约束、自我控制。如在处理客户的投诉时，没有耐心、礼貌，很容易把简单问题复杂化，引起不必要的争议与纠纷，只有以礼相待，才能赢得客户的回敬。

其次，注意与礼仪相关的细节。随着手机的普及，越来越多的人喜欢拿着手机阅读、交流。然而，使用手机要注意场合，否则会被人认为没有礼貌。比如与客户交谈或在会议过程中，应将手机调成静音或震动状态，防止中途被突兀的铃声打断；与他人交谈过程中，不要随意打断他人的说话，要等对方表达完后，再说出自己的想法……诸如此类的礼仪细节需要实习生在平时生活工作中仔细观察、留意，避免在职场上做出此类不礼貌的行为。

实习生走出校园，投身实践，一举一动不仅代表着个人，更代表着学生的自我风采和校园的整体形象。相信实习生能将最美的一面展现给社会，为自己和学校赢得尊重。

课堂情景互动

开展“礼仪溯源”大讨论。

实习指导教师组织学生进行一次礼仪的溯源活动，其中包括“礼的由来”“古人的礼仪”“礼仪的嬗变”等。

活动要求：教师按座位将学生分成 3 ~ 4 组，每组抽取一个主题，要求学生在下堂课开始时派小组代表上台分享，比如“礼的由来”，学生可以查找相关资料，用通俗的语言对中国礼仪的由来做简单阐述，不求面面俱到，但需要表述清楚。

活动目标：通过学生对礼仪的溯源，让他们了解中华民族作为礼仪之邦，其源远流长的礼仪是如何产生、发展及嬗变的，并对生活中的一些不文明行为进行反思，从而促使他们以更高的标准来要求自己，做一个“以礼先行”的人。

我问你答

小赵是室内设计专业的实习生，平日里做事不拘小节。实习前，指导教师再三提醒他注意职场上待人接物的方式，要礼貌、谦逊，小赵却是“左耳进，右耳出”。来到单位后，小赵跟着王师傅实习，两人经常去客户处谈项目，到现场指导工程的设计等。

7月的一天，天气格外闷热，小赵与师傅到现场查看工程进度，并做一些细节上的调整。其间，客户拿来两瓶饮料给他们解渴，小赵一口气将一瓶饮料喝完，还是觉得口渴，未经王师傅允许，就将另一瓶饮料也喝了。这时候，与客户沟通完细节的王师傅转身发现饮料都被小赵喝光了，于是和蔼地对他说：“小赵啊，你去帮我倒杯水吧。”此时，小赵才意识到，自己喝了本该属于师傅的饮料。有些不好意思的小赵赶紧去倒了一杯热水给王师傅，并歉疚地说：“王师傅，不好意思，我实在是太渴了，喝了您的饮料，您别生气。”王师傅笑着说：“你们年轻人做事率性，本是好事，但以后在工作中还是要注意一下，别把在大学里跟哥们儿相处的那一套拿到职场来，要是碰到领导，估计就没这么简单喽。”师傅这番半开玩笑的话却让小赵陷入了深思。

根据上述案例，请思考以下问题：

- 小赵的失礼行为体现在哪里？
- 如何避免此类职场尴尬？
- 思考“礼仪”二字的重要性。

2 尊重隐私

漫说实习

张姐的男友，你也看到过吧？
张姐不喜欢别人打探她的隐私。
真的吗？
张姐的男朋友？
好啊，午餐八卦结束！
小徐可真无趣！
哎
走吧，我们自己人继续八卦。
你好，小刘今天出差不在，有什么急事我帮你转告他。
看来我们误解小徐了。
没关系，这是你的隐私。
谢谢你，没和别人说呀！

故事汇

小徐是服装设计专业的学生，实习期间，她来到当地一家服装外贸公司实习。进公司后，她被安排跟张姐实习，主要负责产品的进出口工作，包括通过电子邮件、MSN等与客户进行联系、交流。

进公司一个多月，在张姐的指导下，小徐学到了许多学校里学不到的知识，因此，她对张姐十分尊重，两人的关系也比较融洽。随着两人关系日益密切，工作之余，小徐偶尔会跟张姐去逛街、看电影。节假日，张姐甚至邀请小徐来家里吃饭。张姐平日里不喜欢同事打听她个人的一些事情，小徐也不是一个喜欢窥探他人隐私的人，故而张姐比较信任她，会将生活中遇到的事与小徐分享。

除小徐外，公司里还有三位与小徐一起来的实习生，还有几位刚来的新员工。午餐时间，他们时常在一起吃饭、聊天，打发休息时间的同时，也分享一下工作中的趣闻，增进彼此间的了解，而“八卦隐私”则是同事之间最喜欢聊的话题。小徐由于跟张姐走得比较近，同事们时常向她打听一些张姐的个人隐私，小徐总是以其他话题引开他们的关注点，尽量不参与这些“隐私探秘”。

圣诞节后的一天，同事们在午餐时又聊起了“八卦隐私”。“你们知道吗？昨天下班后，我走得比较晚，在楼下看到有位男士来接张姐下班，不知道是不是她男朋友？”其中一位同事说道。这时，同事们探究的目光都聚集在小徐身上，希望她能说出更多可靠的消息。小徐尴尬地笑笑，说自己也不了解情况。

面对同事怀疑的目光，小徐放下手中的杯子，缓缓说道：“张姐不喜欢别人打探她的事情，所以平时也不太会告诉我。况且，我觉得别人的隐私还是不要打探的好，免得到时候以讹传讹，影响不好。”小徐的话引起了一位同事的不满：“你这么说就不对了，平时我们有什么消息都拿出来分享，就你一个人不说，太不够意思了。”这次“午餐八卦”就这样不欢而散。

经过这次“事件”，同事们对小徐渐渐冷淡，有些娱乐界的“花边新闻”也不愿主动与她分享。小徐为此有些苦恼。然而，不久之后的一件事让同事们转变了对小徐的看法。

一天，坐在小徐边上的实习生小刘恰巧出差。中午时，小刘位置上的电话响了，小徐就去接听。“喂，你怎么回事？家里没人，我打你电话也不接，你到底想怎么样？”听到这里，小徐明白应该是小刘的私人问题，便礼貌地回答道：“您好，小刘今天出差，不在办公室，如果您有急事的话，我转告他。”对方听了便说没事，挂了电话。随后，小徐发了短信给小刘，大概说明了方才接到电话的情况。不到5分钟，小刘便打电话给小徐，忐忑地说：“这事你没跟别人说吧？”小徐笑着答：“没有，这是你的隐私，我怎么好随便跟别人讲，放心好了。”“看来你还真的不是一个喜欢打探别人隐私的人，之前还以为你是装的，是我们误会你了。”小刘觉得过意不去。

在之后的相处过程中，同事们依旧喜欢“聊八卦”，但会主动避开一些涉及同事隐私的话题。他们也不再冷落小徐，而是接纳了她偶尔的“沉默”。

实习指导站

在一个文明的环境里，每个人都应该尊重他人的隐私。职场作为人际交往的重要场所之一，已成为各种信息和“八卦”的交换市场。因此，是否能够正确对待自己和他人的隐私，已经成为人们能否在职场中游刃有余的关键因素。

小徐是一位具有较强尊重他人隐私意识的学生，踏入职场后能够谨言慎行，不轻易探究他人的秘密，最终赢得了同事们的信任。很多人错误地认为没有“八卦隐私”佐料，很难与同事打成一片，还会像小徐那样遭到被人“隔离”的待遇。事实上，爱“八卦隐私”的人才会失去他人的信任，最终被冷落。因此，在职场上，实习生需要把握好尺度，分清公共区域与私人场所，不仅要把握好与人交往的亲密度，更要尊重他人的隐私。在与同事闲聊的过程中，需要注意以下几点：

首先，正确分辨“八卦新闻”与“隐私窥探”。八卦新闻的范围比较广，从娱乐新闻到奇闻异事，都是八卦新闻，因为当事人不是身边的熟人，偶尔作为茶余饭后的谈资未尝不可，但窥探同事的隐私就另当别论。隐私，顾名思义，就是隐蔽、不公开的私事，当事人不愿他人知道或他人不便知道的个人信息，当事人不愿他人干涉或他人不便干涉的个人私事，以及当事人不愿他人侵入或他人不便侵入的个人领域。如果喜欢窥探同事的隐私，势必会引起当事人的反感，从而导致同事之间关系紧张。

其次，要做“隐私窥探”的终结者。曾经有人做过这样一个实验，让传递消息的人依次排好队，第一个人接到信息后依次传递下去，最后一位接收者将信息复述，结果往往与第一个人的信息大相径庭。这就是消息在传递过程中因为主观判断、信息压缩、二次加工、表达欠缺等而导致的信息失真。一些涉及隐私的消息在人与人的传递过程中会加入过多的揣测，因此更容易添油加醋偏离事实。杜绝此类事情发生最好的方法便是终止消息的进一步扩散。实习生对职场人际关系不敏感，更不应该成为“隐私窥探”的传递者，而要做一名终结者。

除了以上两点，实习生还需要按捺住内心对他人隐私的好奇心，将更多的时间与精力放在工作上，做到既尊重他人又保护自己。

课堂情景互动

辨析生活中的隐私问题。

在学生实习前，实习指导教师可以组织学生进行一次“隐私问题辨析”的活动，通过条理清晰的阐述，使学生加深对该问题的理解，从而在实习过程中避免因此而出现的人际交往的尴尬。

- 实习指导教师提前将要讨论的话题告知学生，如“窥探他人隐私带来的弊端”“我曾遇到的隐私尴尬”“同事向你打听他人隐私，如何巧妙应答”等，供学生任意选择，每人上台阐述观点限时 3 分钟。
- 在课堂上，教师预留半节课的时间，让学生依次上台阐述自己的观点。
- 根据学生的发言，教师请台下的学生提问或者进行补充说明。
- 教师针对学生的发言，做简单的总结。

拓展营

中西方的职场隐私差异

针对职场隐私，在不同地域文化的影响下，其表现形式各有差异。就中西方而言，其差异性表现在以下几个方面：

第一，办公场所的隐私。在中国，同事往往共享一个办公场所，有些是完全开放，没有任何阻隔的，有些办公桌之间加了隔板。在这类办公场所，同事之间相互走动，可以不打招呼就来到你的“办公区域”。中国员工认为这类行为并不会侵犯自己的隐私。在西方，大多数员工的办公场所享有更多的隐私，即使在一个开放的办公场所，他们也会认真地隔开每位员工的办公领地，被隔开的地方是属于私人办公场所，他人不能随意进入，更不能不经过同意而翻动别人的物品。

第二，公共领域的隐私。在职场中，除了办公场所具有一定的隐私外，公共场所如餐厅、休息室等也具有一定的隐私性。在中国，员工之间喜欢结伴而行，在餐厅排队时，人与人之间紧挨着；吃饭时，也是聚在一起边吃边聊。在西方，他们注重人与人之间的“私人空间”，不会过度占用别人的空间。比如，西方人看到休息室被人占用，会先征求对方的意见，如果对方同意，才会与之共用，反之则会“识趣”地离开。

此外，中西方对待隐私被人窥探时的态度也不一样。比如中国员工之间在闲聊时，某位同事随意翻阅了你的文件资料，中国人会采取听之任之或者婉言拒绝的态度，大多不会觉得被冒犯了。在西方，假如自己的隐私被人随意窥探，他们会直接拒绝，表示自己的立场。

鉴于中西方的文化差异，在对待隐私问题时，我们也要区别对待。中西方之间要尊重与理解这种差异，避免文化上的冲突，求同存异，为彼此之间的职场发展创造更加有利的环境。

3 褪去"内向的外衣"

漫说实习

故事汇

旅游管理专业的李萍从小就性格内向，有轻微的自闭症。李萍平时在学校里独来独往，课余时间也极少与同学交流。实习时，她去酒店当了服务员。内向的李萍虽将工作做得井井有条，然而在与客人交流时，往往因寡言少语而被客人投诉。

一次，有位客人进来用餐，在点餐时指着菜单上的一道菜问："这道菜是怎么做的，主要食材有哪些？"李萍经过酒店培训，知道这道菜的食材，然而却因为胆怯，害怕开口而没有立即接话。性急的客人显得不耐烦，说："怎么当服务员的，基本工作都做不好。"听到客人的抱怨，内向的李萍更是手足无措。随后，客人将点好的菜单交给李萍，李萍看到上面有一个菜品已经售罄了，就轻声说："这个菜卖完了。"环境嘈杂，加上客人正与别人聊天，并未听到李萍的话，李萍重复了两遍，客人均未听到。李萍便直接去下单了。最后，客人因其中一个菜未能上来而责怪服务员没有提醒，投诉了李萍。鉴于一而再、再而三地被投诉，李萍被酒店辞退。

实习中断后，李萍心中沮丧，在家里休息了一个月。这期间，家人、朋友、老师都对李萍进行了开导，她自己也认识到内向的性格是未来职场上最大的"敌人"，决心跨出改变的第一步。不久，李萍通过某招聘平台应聘到当地一家咖啡馆服务员的工作。

上班之前，李萍鼓励自己，一定要主动开口说话，脱掉身上这件"内向的外衣"。在咖啡馆门口，李萍碰到新同事，鼓起勇气主动说了一句："您好！"短短一句问候，让李萍内心激动不已，这是她第一次主动与人打招呼。在接下来的日子里，接待客人时，李萍尽量克服胆怯心理，虽然音量略低，还时常脸红，但咖啡馆安静，客人听见了就会礼貌地给予回应。这给了李萍莫大的勇气。

暑假是咖啡馆的繁忙期，一次，由于客人较多，李萍不小心将客人的鸳鸯奶茶错拿成了红豆奶茶。客人叫来李萍问："我记得点的不是这个，你是不是拿错了？"若是以往，李萍肯定又因胆怯内向而开不了口。这次，李萍表现相对镇定，她深呼吸后，轻轻说道："不好意思，是我拿错了，我给您换一杯。"客人却笑了笑说："算了，你们这里的红豆奶茶也很好喝，就不用换了。"

随着与同事、客人相处越来越融洽，李萍内向的性格改变了不少。回校时，同学与老师都从她的言谈上看到了改变。以往，老师问李萍一些问题，除了得到"嗯""是"等回答外，基本听不到其他的话语。实习，让李萍改变了内向的性格。谈及自己的实习感受，李萍说："我现在不怕与人交流了，同事们对我很好，客人也不再投诉我了。"

实习指导站

李萍不善于人际交往而引发的问题，是每一位性格内向的实习生在职场上都会碰到的问题。学生因为性格内向而陷入人际交往的窘况，令很多家长及教师束手无策。的确，改变性格不是一朝一夕可以做到的，它有一个漫长的适应过程，这其中更需要靠自己一步步走出来。幸运的是，李萍意识到自己的问题后，能勇敢地迈出改变的第一步，让自己一天比一天活泼、开朗，能主动开口讲话，最终克服了这一人际交往障碍，在职场上取得了不错的成绩。

从李萍身上，我们看到了学生走入职场时克服性格内向的方法。首先，需要找到一份适合自己的工作。李萍的第一份工作是酒店服务员，那里人头攒动、环境嘈杂，对于性格内向的人而言，他们不愿意大声说话，很难在这样的环境里发挥自身价值，因此对他们的性格塑造是不利的。李萍找的第二份工作是咖啡馆服务员，工作环境相对安静，能帮助内向的人找到一个与他人交流的平衡点。

其次，内向的人想要拥有良好的人际关系，跨出第一步很重要。李萍在学校孤僻、内向，但这似乎并没有影响她的学习，学校也没有因此而让她退学。但当李萍实习时，孤僻和内向导致了很严重的问题：客人投诉她，酒店辞退她。这就逼得她不得不跨出改变内向性格的第一步。在咖啡馆实习时，她终于鼓起勇气第一次向别人问好。从一句“您好”“再见”开始，每天坚持，就突破了自己内向、胆怯的心理障碍。

再次，内向的人需要找到自己的优势，避免从内向走向自卑。性格内向的人，往往被人误以为能力不足，久而久之，让他们自己也认为低人一等，打击自信心。因此，性格内向的人更需要找准自己的优势，发挥专长，增强自信心。

最后，尝试着走出去，多接触外面的世界。性格内向的人大多喜欢呆在同一个地方，不愿意与陌生人来往，这样会更加阻碍他们的发展。因此，参加旅行、party 等活动，可以接触到不一样的人——热情的、冷漠的、不善言辞的、长袖善舞的，形形色色的人让他们能正视自己的问题，找到症结，克服性格中的缺点，从而褪去“内向的外衣”。

课堂情景互动

教师组织学生课前“对话”。

针对班上性格偏内向的学生，实习指导教师可以在每堂课开始前抽出 3 ~ 5 分钟的时间进行对话训练。通过常规对话的形式，让他们克服性格上内向的缺陷，能主动开口说话。

- 教师准备好系列话题，比如“我最爱看的电视剧”“我喜欢的一位歌手”“我对未来的畅想”等，这些常规话题能引起学生的兴趣，也给予他们较大的发挥空间。

- 教师将性格内向和性格活泼的学生进行归类，将平常大胆、活泼的学生与性格内向的学生组成一队，提前将话题给他们，让他们经过简单的排演后上台对话。

- 无论学生表现是否优秀，师生都要给予他们热烈的掌声，鼓励他们再接再厉。此外，要以委婉的方式指出他们有待改进的地方。

通过反复上台“对话”，使内向的学生从一开始的不自然、胆怯到慢慢放开，最终能自如地与人交谈。

我问你答

小张是一家网络公司的实习生，作为程序员的他性格内向，平时只埋头编程，很少主动与同事交流。他来到公司近一个月，许多同事连他的姓名都没有记住。

公司年底聚餐，同事们一起说说笑笑，小张因为内向而不喜欢开口说话，自己一个人坐在一旁，戴着耳机听歌、玩手机。一旁的两位同事一起过来与小张闲聊，说一些日常工作中的趣事。然而，小张因为与同事接触少，平时也不曾留意他们说的事情，就只能“嗯”“是吗”地附和着。两位同事看小张这样，无法继续交流，便悻悻离开。

小张意识到自己性格内向，但并没有影响日常工作，所以也没想试着改变自己内向的性格，久而久之，他的存在感越来越低。过完年，公司招聘新员工，领导将许多事情安排给新来的员工，小张的工作量越来越少。

领导的突然冷落让小张意识到问题的严重性。一次部门会议，领导点评了每位员工的工作表现，却唯独没有提到小张，让他明显地感受到自己被忽视了。最后，小张不得不在这种冷漠的氛围中离开了公司。

根据上述案例，请思考以下问题：

- 小张在人际交往中屡屡碰壁的主要原因是什么？
- 为什么小张意识到自己性格内向，却不尝试着去改变？
- 如果你是小张，会怎么做？

4 沟通的艺术

漫说实习

您好！
怎么少了五百元，是不是机器故障，你要负责！
能借您手机看一下短信吗？
ATM
取款1500
不好意思啊小姑娘，是我弄错了。
好的好的，下次我一定会注意手机短信。
没关系，下次可以看下手机短信验证一下。

故事汇

13级计算机专业的小洪同学是个随性的人，不喜欢按部就班。因此，实习之前，她没有像身边的同学一样进入互联网、电子商务类企业，而是去了与专业并无太大关系的银行实习。

小洪的实习岗位是大堂引导员，工作职责主要是帮助客户叫号，引导客户到相应的窗口办理业务，协助客户填写单子并做好检查工作。此外，大堂引导员还需为客户复印相关证件，有能力者也可以简单地向客户介绍银行最新发行的理财产品，客户若有需要，再进一步将他们带到贵宾室，做详细介绍与分析。

初次听到实习岗位的工作内容，小洪满怀憧憬，这是一份既能锻炼自己，又能直接帮助到客户的工作。热情开朗的她喜欢与人打交道，而大堂引导员每天面对的正是来来往往的客户，最能发挥她与人沟通的能力。

实习初期，小洪因为缺乏经验，很难约上客户谈理财产品，大部分时间都站在大堂里帮人填单子、做引导。“您好，请问您需要办理什么业务？”“您好，两万元以下取款请随我到ATM自助存取款机办理，不会的话，我来帮您操作。”“您好，转账20万以下的请跟我到这边来，不会的话，我来帮您操作……”日复一日，小洪只能机械地重复着同样的话语，原有的激情渐渐被消磨殆尽。

实习半个月后的一天，小洪所在的网点来了一位50岁左右的阿姨。她先来到柜台前，让柜员将卡里所有的钱都取出来。柜员帮阿姨取了钱后忘记告知她取款数额，而阿姨自己也没有清点。随后，阿姨走到该网点的自助存取款机前，将钱转账到了他人账号里。自助存取款机清点后为1500元，经确认后打印凭条。谁知，阿姨叫来了大堂引导员小洪，质问她：“机器有故障，我明明有2000元钱，怎么少了500元，是不是被机器‘吞’了？”小洪随后查看了存取款机，发现机器并无故障，应该是阿姨自己弄错了数额，便说：“机器没有问题，您的钱款没有错。”阿姨听了此话便不依不饶，非要小洪将500元取出来不可。这不仅耽误了排队取款的其他客户的时间，也引起了围观。

阿姨不听解释，小洪心里十分懊恼，本想严词厉色地用银行的规章制度解决问题，但转念一想，自己来这个岗位不就是来锻炼沟通能力的吗？想到此，小洪冷静片刻，突然想到银行业务一般都会有手机短信提醒，于是请阿姨将手机拿出来，点开手机里银行发来的短信，上面明确写着取款数目为1500元。阿姨看到短信后，也意识到是自己记错了。小洪并没有以“胜利者”的姿态指责阿姨的胡搅蛮缠，而是耐心地解释道：“阿姨，银行的机器一般情况下是不会出错的，建议您在转账之前看一下自己卡里的存款，防止差错。如果遇到机器故障，您也不要着急，我们银行都有交易记录，确认后会第一时间帮您解决。”

经过这场“交易风波”，小洪因为处理问题冷静、态度诚恳且善于沟通，在众多实习生中脱颖而出，受到经理的赞赏。小洪自己也更深刻地理解了处理突发事件时沟通能力的重要性，它不仅能帮助自己解决问题，还能维护单位的形象，杜绝不必要的争端。

实习指导站

大堂引导员不仅在银行里有，许多服务行业如餐饮、酒店等都有引导员。他们不仅为顾客提供便利，也是门店的第一张“招牌”。比如餐厅，有时候遇到用餐高峰期，顾客走进熙熙攘攘的餐馆，心情大多不会愉悦，如果遇到优秀的引导员，他们会合理安排顾客，并进行适当安抚、沟通，让顾客宾至如归。因此，沟通能力在各个行业，尤其是服务行业的重要性不言而喻。

小洪作为实习生，在遇到客户的纠缠时能做到平心静气，并通过沟通帮助客户解决问题，安抚情绪，实为可贵。在职场上，与人沟通靠的不仅是耐心，更需要沟通技巧。在沟通技巧的培养上，以下三点是最为基础的。

首先，学会聆听。拿服务行业来讲，客户遇到了麻烦，大多情绪不佳，焦虑、急躁是难免的。因此，当他们提出问题时，需要得到服务人员情感上的认同。引导员或客服要学会倾听，用目光注视对方双眼，或在电话里使用“是的，您请继续”“然后呢？”等恰如其分的语言，引导对方讲清问题。若冒昧打断客户说话，会让对方觉得敷衍或推卸责任。

其次，学会微笑。一个微笑有时候比十句话的效果更佳。客户在投诉、抱怨时，如果看到对方面带微笑，焦躁的情绪就能得到舒缓。因此，微笑是沟通过程中良好的润滑剂，能让彼此心平气和地解决问题。

再次，不回避责任。在很多沟通过程中，客户更看重的是对方的责任意识，而不是最终的处理结果。因此，引导员或客服在面对客户的质疑时，不推诿、不回避，如果确是因为操作不当或特殊原因造成，应及时主动承认错误。积极主动承担责任的态度能让客户感觉到你的诚意，也会心平气和地协商处理问题，从而避免激烈的争吵或矛盾升级。

最后，用事实说话。在小洪的案例中，当客户质疑银行的机器出错时，会间接地怀疑小洪所说的话。因此，当遇到这类问题时，引导员或客服要尽量拿出切实有效的证据来证明，而不是用语言苍白地解释。小洪最后用短信向客户证明了机器没有出错，既不易引起争执，也能高效地解决问题。

纵观职场，沟通无处不在，它是一门艺术，也是职场必备的技能。实习生走入社会后，需要与客户沟通、与同事沟通、与领导沟通，良好的沟通能力可以帮助他们消除误会、解决问题、增进情感。

课堂情景互动

在课堂上，教师可以组织学生进行一次“沟通技巧大比拼”。

- 教师将学生分成四组，准备好四个沟通试题，分别是“实习第一天因堵车迟到，主管却认为你是偷懒，你如何解释？”“同事属于遇事不说、按照自己的想法直接去做的类型，你如何与他沟通？”“客户因使用不当导致产品出现问题，要求更换，你如何与他沟通？”“队员之间因是否邀请客户去工厂体验而产生分歧，作为主管的你，如何处理？”
- 四个小组分别派代表上台抽取试题。拿到试题后，各个小组分头讨论，情景模拟，并派出相应代表上台表演。
- 根据学生的表演，教师请台下学生指出表演者在沟通过程中有待改进的地方。
- 教师针对学生的表演，做出相应的分析，指出沟通过程中需要注意的细节，并作总结。最后，教师与学生一起评选出“最佳沟通奖”。

通过此次情景互动，让学生深刻体会沟通技巧的重要性，并在日常生活中加以重视与应用，使他们成为职场的“沟通达人”。

拓展营

因人而异的沟通技巧

从古至今，善于沟通的人比比皆是，然而能将沟通技巧运用得炉火纯青之人却是凤毛麟角，三国时期的诸葛亮就是其中之一。

诸葛亮作为刘备的军师，需要协调好与武将之间的关系，以利于关键时刻运筹帷幄、统一调度。当时，刘备手下的武将有关羽、张飞等人，他们性格各异，需要区别对待。此外，在外交方面，诸葛亮亦将因人而异的沟通技巧发挥得淋漓尽致。

张飞脾气火爆，诸葛亮深知与他“晓之以理”起不了多少作用，因此往往采用激将法。在《三国演义》第六十五回里写道："却说张飞闻马超攻关，大叫而入曰：'辞了哥哥，便去战马超也！'孔明佯作不闻，对玄德曰：'今马超侵犯关隘，无人可敌；除非往荆州取关云长来，方可与敌。'张飞曰：'军师何故小觑吾！吾曾独拒曹操百万之兵，岂愁马超一匹夫乎！'"在诸葛亮的激将法之下，张飞勇猛无比，与马超打得不分伯仲。

张飞火爆，而关羽高傲，因此，在面对关羽时，诸葛亮改变沟通策略，采用赞美之法。同样在《三国演义》第六十五回中，刘备抓获马超，关羽听闻马超武艺了得，要入川与他比试。然而关羽守着荆州要地，不容闪失，诸葛亮便打算劝他打消念头，特修书一封。其书曰："亮闻将军欲与孟起分别高下。以亮度之：孟起虽雄烈过人，亦乃黥布、彭越之徒耳；当与翼德并驱争先，犹未及美髯公之绝伦超群也。今公受任守荆州，不为不重；倘一入川，若荆州有失。罪莫大焉。惟冀明照。"高度的赞美与"晓之以理，动之以情"的说辞让关羽打消念头，并赞道："孔明知我心也。"

在外交方面，诸葛亮针对鲁肃与周瑜的沟通策略也不同，前者往往以理劝之，后者常用语激之。诸葛亮这种抓住每个人的性格特点进行沟通，往往能达到事半功倍的效果。

5 三人行，必有我师

漫说实习

故事汇

在职场人际交往过程中，取人之长补己之短的事比比皆是，然而当下的实习生均为“90后”，作为伴随着科技发展而成长的“新一代”、父母手心里的宝贝，他们身上往往带着傲气，不愿意低头向身边的“老同事”或者“新同事”取经。计算机专业的小陈踏入实习单位后，一开始也带着无比的自信与骄傲，觉得自己专业基础扎实，动手能力强，不屑于向身边的同事学习。经过一段时间的磨炼，小陈渐渐看到了身边同事的优点，几件小事，改变了他的想法，让他明白“三人行，必有我师”的道理。

一天，小陈与往常一样来到单位，顾客拿着手机过来维修。小陈询问后，知道是手机开不了机。小陈维修过几个有类似问题的手机，一般的解决方法就是“刷机”，因此很笃定地拿着手机开始连接计算机进行操作。在刷机过程中，小陈电话响了，他拿起电话与朋友聊了一会儿。这期间，顾客见小陈走开了，就好奇地拿起正在刷机的手机，随意按了几个键。小陈回来后发现手机刷机失败，这种情况很少见，他重新连接计算机，发现还是无法刷机。

小陈从未遇到过这种情况，顾客问他：“是不是你的计算机软件有问题？”小陈说自己的软件及操作绝对没有问题。正当他焦头烂额的时候，单位的赵师傅过来，问小陈出了什么事情。小陈告诉了赵师傅刷机失败的情况。赵师傅拿起手机研究起来。小陈心想，刷不了机，还能有什么办法？谁知赵师傅看后说，手机刷机时不能碰，不然很容易导致硬件损坏，你们是不是在刷机时动过它？顾客恍然大悟，说自己在刷机过程中的确按过手机键。

小陈问赵师傅有没有办法可以解决问题，赵师傅说：“应该可以。”经过赵师傅维修，本是黑屏的手机重新亮了起来，顾客与小陈都喜出望外。赵师傅很少动手维修，因此小陈以为他不过是资历老，并没有过硬的技术。谁知赵师傅技术如此娴熟，原来是深藏不露的高手，这让小陈既惊喜又羞愧。

还有一件也让小陈觉得“身边处处有良师”的事。跟小陈一起来单位实习的还有两位同学。小陈有一次与同学小张一起去找师傅们请教问题，到了办公室，只见几位师傅正忙着检修，顾不上他们。平时遇到这样的情况，小陈总是直来直去，不管师傅们忙不忙，开口就让他们想办法解决问题，结果往往是师傅们忙着手里的活，没时间搭理他。这次，平时腼腆不爱讲话的小张，进门后没有直接打断师傅们的工作，而是主动加入他们的团队，帮忙递工具。过了片刻，一位师傅检修完，抬头问小张：“遇到什么难题了？”于是，小张将要请教的问题说给师傅听。师傅将解决问题的方法详细地告诉了他们。请教完问题，小张看到师傅的茶杯需要续水，就主动帮他倒上热水。

看到小张的言行举止后，小陈意识到了自己以前被师傅们“冷落”的原因。想到平常腼腆内向的同学居然在待人接物方面做得如此礼貌沉稳，小陈的内心颇受触动，也更深刻地体会到了“三人行，必有我师”的道理。

实习指导站

美国管理学家彼得曾经提出一个理论——水桶效应。一只水桶想盛满水，必须每块木板都一样平齐，如果有一块板特别短，盛水量就会受它的限制。每个人都有长处和短处，也就是所谓的“长板”和“短板”，实习生应该看到自己身上的“短板”，更要看到别人身上的“长板”，以人之“长板”补己之“短板”，才能使自己的这只水桶能盛满水。

小陈刚开始实习时，虽然自大，却是个会细心观察的人，如赵师傅让手机“起死回生”、腼腆的小张有一套请教师傅的好方法。在看到别人长处的基础上，小陈发现了自身的很多不足。以人之长补己之短，小陈从同事、同学身上学到很多，使自己一天比一天优秀。

由此可见，实习生在学校、企业要虚怀若谷，用一分为二的眼光看待身边的同事和同学，用他们的缺点警示自己，用他们的优点激励自己。

首先，要学会观察。如细心观察会发现优秀员工大多提前几分钟到岗位。“晚到不如准时，准时不如早到”，提前几分钟上岗的人，对当天的工作有充足的准备时间，能以最好的状态应对工作。相反，那些匆匆忙忙踩着点赶到工作岗位的员工，气喘吁吁怎么能自如地应对工作？

其次，要认识自己的不足。向他人学习的前提是需要了解自己哪些方面存在不足，只有了解自己的缺点，才能有的放矢地学习别人的长处，补足自身的短板。

最后，要懂得融会贯通，形成自己的特色。每个人的处事风格及能力都有差异，在向他人学习的过程中，一味地照搬照抄并不能取得理想的效果，而是需要在学习的过程中结合自身的特点，形成自己的风格。

“三人行，必有我师”，即将走上工作岗位的实习生更要深刻领会其中的道理，使自己在工作中不断吸取他人所长，促进自己在工作能力、人际交往等方面有较大的进步。

课堂情景互动

实习指导教师可以与班主任一起商量，举行一次以“认识身边的同学”为主题的班会课，促进学生之间的相互了解。

通过班会活动，同学之间互相寻找优点，从而发现自己身上的闪光点，感受被他人关注的快乐，同时也学习他人的优点，互相进步。

- 每位学生拿出一张纸，写上两位同学的名字，第一个是同桌，第二个是你认为班上表现最好的同学。在这两个名字后面写出你认为他们优秀的地方，可以是概括性的评语，也可以是故事性的描述。

- 教师将每位学生手上的纸收上来，邀请学生上台随机抽取纸条朗读，把纸条上所写的同学优点读给同学们听，并听取同学们的“意见”。

在此类班会课上，学生的参与程度比较高，也乐于分享自己的看法。班会课目的就是为了让学生学会“取人之长，补己之短”。同时，学生写在纸条上的评语或故事，更能帮助班主任及实习指导教师深入了解学生，发现他们与众不同的地方，一举两得。

我问你答

小雪是中国电信分公司的一名实习生。初到单位，人事管理人员就告诉她，不管专业对口与否，都需要到各个岗位锻炼三个月。小雪学的是人力资源管理专业，本以为实习期间能多接触一点专业方面的工作，哪知还需要去其他岗位，因此心中多有不满。

第一个月，单位将小雪安排在前台，主要负责办理宽带业务及手机、固定电话的相关服务。工作情绪有点消极的小雪，觉得前台工作过于简单，这些工作流程做了两天就已基本掌握，挑战性不强，因而并不积极向前辈学习，而是能不做就不做。第二个月，小雪被安排在市场部实习。市场部需要制订年度销售目标计划，做好完善的营销信息收集、处理、交流等工作，并对竞争品牌的性能、价格、促销手段做详细的了解和相应的对策，提出市场分析等。小雪认为自己今后的工作与市场部的工作内容完全不一样，况且专业性这么强的工作也不是一两天可以学会的，故而也是懒懒散散地工作，在主管面前应付过去即可。

实习结束后，单位婉言拒绝了小雪继续留下来工作的请求。对此，小雪心中充满疑虑，认为自己在专业上并不输给老员工，为什么没有资格留下来。针对小雪的疑虑，单位经理告诉她：“单位将实习生放到各个岗位实习是有一定目的的，实习生就像一张白纸，对这个行业环境不了解，而最快了解这个行业的方式就是去各个岗位学习。都说‘三人行，必有我师’，这类基层锻炼就是要让你们从工作中、从老师傅那里学到本专业以外的技能，扩大知识面，并对单位有一个系统的了解。你在这段时间里既没有向各位老师傅学习，也没有积累各方面的工作经验，我们单位不需要一个不懂得学习的人。”

根据小雪的故事，请思考以下问题：

- 你认为单位将小雪安排到各个岗位实习的目的有哪些？
- 对于“三人行，必有我师”这句话，在上述案例中是如何体现的？
- 小雪的经历给你哪些启示？

6 言必诚信，行必中正

漫说实习

故事汇

数控技术加工专业的小王到元立金属制品有限公司实习。这家公司是元立集团的控股公司，成立于2003年，主要生产金属制品及其母材。对数控技术加工专业的学生而言，能够进入这类大型企业是梦寐以求的。因此，小王进入企业实习后格外认真，这段实习时光虽有心酸与失败，但更多的是欢乐与成功，让他在以后的职场上能抵挡更多风雨及挑战。其中，有一件小事让小王难以忘怀，这件事教会小王“言必诚信，行必中正”。

那是5月的一天，小王在元立公司工作刚满一个月。那段时间企业的加工产品比较多，员工们整天都忙忙碌碌。因为晚上有几批货赶着要装车运走，故小王等人吃过晚饭就来加班。到了晚上9点多，他们终于把最后一批货装好了，大伙儿已经十分疲惫，收拾好东西后就三三两两回宿舍休息。刚出仓库没多远，小王就听见有人在叫他们，原来是一位客户急匆匆地赶来提货。这时，装卸的工人有些已经在洗澡，有些甚至准备就寝了。客户一个劲地道歉，说是路上堵车才来晚了，这批货厂里急着要，只能劳烦小王等人再组织工人装一下。

小王的同事看时间实在太晚，就跟客户说：“要不这样，您明天早点来，我们第一个给你装货怎么样？”客户一听，就急了，说道：“不行不行，这批货明天提就晚了，今晚是一定要运走的，您们体谅一下。”既然客户这么着急，小王就打算去宿舍把工人叫回来装货。谁知，小王刚走出门，客户就立马拉住他，道：“你们这样走了可不行，今晚无论怎样都要帮我们把货装好。”小王解释说：“您稍等，我去叫工人过来。”客户半信半疑地说：“你们要是趁机不回来怎么办？”客户从包里拿出几包烟，硬要塞给小王等人，并请求他们一定要帮忙。见客户如此，小王等人婉言谢绝了他的好意，并说：“我们保证今天一定帮您装好货，您要是不相信，就跟我一起去宿舍。”客户这才放他们离开。

小王等人把已经准备就寝的工人老余及王师傅叫了回来，给客户装货。客户见此非常感动地说：“以往在别的仓库提货，如果晚了，负责人总是以去找人为由，趁机走了，连电话也关机，弄得我们白跑一趟。一开始也以为你们要借机溜走，是我误会你们了，真不好意思。”小王说：“既然说好要帮您装货，我们一定会说到做到。我们是靠诚信打造品牌，用智慧发展元立的。”此后，这个客户每次来提货，总喜欢找小王。他告诉元立的经理，小王做事坦诚、负责，是值得信任的。为此，经理还在会上表扬了小王等人。

经过这件事情，小王认识到自己虽然只是公司的一名普通员工，却是客户尤其是提货司机们心中倚靠的人，因此，诚信二字的重要性不言而喻。

实习指导站

人际交往的诚信原则即社会成员之间诚实、守信，能够维持人与人之间的友好关系。很多踏入社会的实习生知道诚信是重要的，但他们不知道诚信到底有多重要。比如案例中的小王，他与客户之间以诚相待，但因为这个“诚”字，客户对他们另眼相看，这是他始料不及的。因这件事，小王切身感受到在生活、工作中“言必诚信，行必中正”的道理，也开始处处留心、时时践行。在点亮“诚信”之灯时，实习生需要牢记以下几个方面：

- 在与人交往过程中，诚信是前提。实习生在工作中需要跟领导、同事以及客户打交道，在领导面前，需要坦诚汇报工作中的得失；在同事面前，彼此直言不讳，交流心得、互相帮助；在客户面前，有一说一，说到做到，不逃避、不推诿。诚信是拉进人与人之间距离的第一步，一个人诚信度的高低会成为人与人之间是否值得继续交往的砝码。

● 在与人交往过程中，诚信是行为规范。诚信不是看不见、摸不着的，而是直观、具体的，我们可以通过观察语言、行为等来判断，比如一个人是否准时、是否兑现承诺等。因此，在与人相处时，我们要时刻以诚信来衡量自己的所作所为。

● 在与人交往过程中，诚信是精神纽带。人际交往过程实际上是一种道德行为，是基于对他人、社会的认识而表现出来的。人与人之间的心理及其行为都是紧密联系在一起的，只有双方相互信任，并付诸实际行动，才会产生和谐的人际关系。

“人无信不立，企业无信则衰，国家无信则败。”许多成功人士之所以能够取得常人无法想象的成就，最主要的原因就是他们都把诚信当作自己的信仰，从始至终坚守诚信原则。高尔基说过：走正直诚实的生活道路，必定会有一个问心无愧的归宿。诚实是人类善良的天性，不仅是做人的一种美德，还是为人处世的重要原则。实习生进入企业后不应该忽视平常工作中的迟到、拖延等问题，而应该正视问题的根源，从小事着手，让自己成为一个诚实守信之人，构建和谐的人际关系。

课堂情景互动

为培养学生的诚信品德，实习指导教师可以安排学生进行一次情景剧演出。事先将情景剧表演的有关事宜告知学生，给予学生充分的准备时间。

● 将学生按照男女性别分成两组，每组自行挑选表演者。女生组表演《如此卖瓜之“王婆卖瓜”》，男生组表演《如此卖瓜之“小童卖瓜”》。

● 师生共同欣赏两组情景剧。

● 表演完毕后进行讨论。学生分别讨论王婆卖瓜的实质问题是什么？小童卖瓜时实话实说为什么能打动客人？

● 教师根据学生的表演与讨论，总结诚信行为在日常生活中的重要性，引出课堂主题——如何做一个诚信的人。

拓展营

张瑞敏的诚信

1984年12月，张瑞敏是青岛电冰箱总厂厂长。上任第二天，他就在办公室制定了十三条规章制度。然而，似乎每任厂长上任后都有定制度的习惯，厂里员工对此已经见怪不怪。“制定规矩在领导，执行规矩在员工”的风气已经根深蒂固。几天下来，厂里的不良风气依旧盛行。当时有位员工偷了厂里的东西，被抓后，张瑞敏决定严肃处理该员工并贴出布告：开除厂籍，留厂察看。他的做法无疑是一石激起千层浪，厂里员工开始重新审视这位年轻的领导。

铁腕手段总令人又敬又怕，不少员工私下有了埋怨，“厂里效益这么差，靠严格管理也无济于事”“领导只知道苛责员工，却不为员工谋福利”等流言四起。张瑞敏站出来告诉员工，厂里效益虽然不理想，但绝不会亏待每一位辛勤付出的员工。厂长的承诺让员工的心定了不少，他们开始认真执行规定，努力工作。张瑞敏上任时正值春节前夕，眼看着节日就到了，厂里负债累累，发工资都是问题，拿什么来犒劳辛苦的员工呢？

张瑞敏秉承着言出必行的作风，连夜赶到附近的几家乡镇企业，费尽口舌，从他们那里借了一笔钱。年底时，厂里不仅按时给员工发了工资，还给每人都发了奖金。奖金虽不多，却如一股暖流在员工心底流过。当员工知道厂长借钱给他们发奖金时，更是真切体会到了张瑞敏的诚信。

经过几年的努力，由张瑞敏带领的团队终于在市场上站稳了脚跟，销售业绩令人欣喜。一天，某用户带着刚买的冰箱到厂里要求退货，虽然只是一条不起眼的划痕，但对当时冰箱昂贵的价格，许多客户对品质的要求难免较高。厂里的员工在仓库换货时发现不仅这位客户的冰箱存在质量问题，还有76台冰箱或多或少也存在瑕疵。

张瑞敏了解到这一情况后，紧急召开员工大会。会上，张瑞敏问员工如何处理这批瑕疵冰箱。部分员工提出将这些瑕疵品低价卖给厂里职工，权当是福利。张瑞敏听后沉思良久，随后表达了自己的看法："今天我把这76台冰箱卖给职工，就等于允许你们明天再生产760台这样的冰箱。"张瑞敏知道重病需要用猛药，在当时质量概念不强的员工当中，他需要做一个令人难忘的决定。他宣布：这些冰箱必须全部砸掉，谁生产的就由谁来砸。张瑞敏第一个拿起铁锤砸下第一锤。昂贵的冰箱在铁锤下分崩离析，但正是这一锤，打造出张瑞敏的"铁血"品质。

在此后的生产中，张瑞敏向消费者承诺：有缺陷的产品就是废品。从此，质量意识深深印在员工心里，也让顾客看到了企业的决心。投机取巧是小聪明，身正为范是大智慧。张瑞敏是有大智慧的，他用简单的一个"诚"字打开了市场大门，赢得千万人的尊敬。

7 永存宽容之心

漫说实习

故事汇

实习生进入职场后，如同新生的雏鸟，颇具潜力，然而稍有不慎，就会与老员工发生矛盾。小林是市场营销专业的实习生，作为班长的他，在校时学习认真，与同学之间也相处融洽。进入富悦大酒店实习后，他勤勉好学，深受经理的青睐。

一天，小林接到电话，得知下周五是朋友的婚期，虽然不是周末，但朋友希望他能参加。小林想酒店是排班休息，虽然那天并不是轮到自己休息，但恰巧是一同实习的同班同学小杨休息。他想反正是同学，大家调个班也不是什么难事，就应允了朋友，说自己一定会到场的。

第二天一早，小林在客房部碰到同学小杨，便将调班的事说了，问小杨是否方便。小杨笑着说："我以为什么大事，不就调班嘛，没问题。你直接跟安排调班的老王说一声就行。"小林听后很高兴，说："我想你应该没问题，但是酒店规定，调班需要员工自己协商好后，才可以向安排调班的同事说，我还是按照程序走比较妥当。"

得到同学小杨的允许后，小林在大堂里找到负责调班的员工老王，将调班一事告诉他，希望他尽快安排调休。老王是老员工，自从小林等实习生进入酒店后，总觉得被这些年轻人抢了风头，自己越发不被领导看重，升职的机会更少了，因而总是处处指责实习生。老王听小林说要调班，就说："你要与小杨调班，有没有得到他的允许呢？"小林道："刚才碰到他，我已经与他商量好了，他说没问题。"同事之间调班是常有的事，一般与老王说一声即可，然而那天老王严词厉色地对小林说："你说过了就算？马上打电话给他，我要确认！"小林觉得老王是故意为难他，心中有些不平，便解释道："这种事情我怎么会撒谎呢？我与小杨是同学，私下里已经说好了，他那天正好没事。"谁知小林话刚说完，老王就将手上的调班本摔到了小林头上。

酒店的大堂人来人往，他们的争论引起了周围人的注意，小林觉得十分委屈，自己不过实话实说而已，老王怎么说动手就动手呢？同事们见事情不妙，立即找来了经理。经理弄清事情原委后，如实向酒店领导汇报。酒店领导认为老王的行为严重影响了酒店形象，更是对新同事的人身攻击，造成恶劣的影响，决定开除老王。

几天后，小林得知酒店的决定，认为同事之间的小矛盾并不足以开除老王，于是发短信给经理。在短信里，小林写道："经理，我与老王之间不过是小矛盾，他平时也不是这样冲动不讲理的人，希望酒店能给他一次机会，让我们之间可以化干戈为玉帛，共同进步。"酒店经理收到短信后，觉得小林不仅平时做事情认真，待人诚恳，更具有宽容之心。而且，经理也觉得对老王的处罚过于严苛，于是将此事告诉了酒店领导，领导最终同意老王留下来。事后，老王得知是小林帮他说情，心中十分感动，对经理说："我没想到小林居然可以不计前嫌，帮我讲话，是我平时对他们太苛责了，以后我们一定好好相处。"

实习指导站

莎士比亚在《威尼斯商人》里曾写道："宽容就像天上的细雨，滋润着大地。它赐福于宽容的人，也赐福于被宽容的人。"宽容是一个人的良好品质，更是人际交往过程中的处世原则，是人与人之间的"润滑剂"。很多例子告诉我们，在竞争越来越激烈的社会环境下，如果不懂得宽容他人，适时退一步，就会举步维艰。当然，宽容并不是一味地让步，而是需要每个人把握好退让的尺度，不姑息、不苛责。

细看实习生小林的故事，他与老王的矛盾其实是因为工作中抢了老员工的风头，对老王形成了"威胁"。由此可见"新老员工"的"积怨"已深，调班只是一根导火线而已，然而小林宽容与明智扭转了局面：一来得饶人处且饶人，帮助老王留下来，成为彼此化解矛盾的一个契机；

二来让新老员工之间能相处融洽，传递了彼此之间是友善关系的信息。小林小小的举动带来了酒店员工之间的友好相处，这种宽容处世的态度是每个人都应该学习的，具有宽容之心的员工也是任何一家企业都需要的。

刚进入社会的实习生大多缺乏职场经验，需要在平时工作中点滴积累，然而宽以待人的处世方法却需要早早地养成。比如实习生容易犯错，那就要包容老员工偶尔的指责与埋怨；同事之间存在竞争在所难免，千万不要因嫉妒而导致关系紧张、针锋相对；团队成员之间容易出现意见相左，要包容他人的不同观点，不把自己的想法强加给别人；对于同事的无心之过，要适当包容，不要过分苛责。这种种宽容不是软弱退让，而是给他人与自己更多的机会，放下成见，共同进步。实习生如何养成宽容之心，要做到以下几点：

首先，正确认识自己。许多人做不到宽以待人，其主要原因是看不到别人身上的优点和自己身上的缺点。因此，正确认识自身的优缺点和别人的优缺点，认识到“人非圣贤，孰能无过”，遇到同事犯错时，要能看到他们身上的闪光点，加以宽释。

其次，培养乐观心态。乐观之人，在遇到问题时，往往能想到“福祸相依”的道理，以积极的态度去解决问题，减少对他人的苛责。

最后，守护底线。宽容并不是没有限度的，宽容是在有限范围内的包容，法律作为不可触犯的底线，是实习生需要明辨是非的原则。在与人交往过程中，如若毫无底线地宽容，那就成了纵容。因此，实习生心里要有一把尺，度量所思所行，绝不放任违背法律与道德的行为，也不过分苛责他人在工作中的失误。

课堂情景互动

教师可以在课堂上以“我所认识的宽容”为主题，组织学生上台演讲。

- 实习指导教师可以提前将演讲主题告知学生，给予他们足够的时间准备。
- 在课堂上，前半节课由教师讲解，后半节课则由学生主讲，让他们自愿上台演讲，每位学生的演讲时间不超过 5 分钟。因为时间关系，不能上台的学生可将演讲稿以书面形式上交给实习指导教师。
- 经过演讲，教师进行简单点评，并作总结。最后，师生一起选出该堂课上的“最佳宽容奖”。

经过课堂的演讲互动，阐述学生对宽容的理解，并以身边的例子、多年的学习生活经历为例，生动鲜活，具有极强的典型性。此外，经过课堂互动，能在班级里形成宽以待人的良好风气，为实习生走上社会打好基础。

我问你答

春秋时期的管仲与鲍叔牙自小相识，感情甚笃。两人经商时，管仲拿出来的钱比鲍叔牙少，却总要多分一些利，鲍叔牙并未因此而与他“散伙”，而是知管仲家贫，包容了他的“贪利”。管仲三次出仕，三次被罢免，鲍叔牙没有因此而看不起管仲，而是认为管仲还没遇到赏识他的人，包容了他的“失败”。管仲参军作战，临阵时却逃跑了，鲍叔牙没有嘲笑他，而是知道管仲家里有年老的母亲要照顾，包容了他的“懦弱”。

后来，管仲与鲍叔牙分别辅佐公子纠与小白，公子纠败后，管仲被囚。小白欲让鲍叔牙帮助他治理国家，鲍叔牙却认为管仲宽厚仁慈、忠实诚信、善于治理国家、管理军队，这些才能是自己没有的。在鲍叔牙的极力劝说下，小白被说服，接管仲来齐国，为自己效劳。在管仲与鲍叔牙的协同治理下，小白成为诸侯王中的霸主，史称“齐桓公”。

在“管鲍之交”中，因为鲍叔牙的宽容之心，成就了一段佳话。他不因管仲的“贪利”“失败”“懦弱”而与之分道扬镳，而是一一包容，最后更是举荐管仲辅佐小白，甘心屈于他的领导。

根据“管鲍之交”的故事，请思考以下问题：

- 鲍叔牙为什么能一再地包容管仲？
- 从中看出一个人具备宽容之心需要培养哪些品质？
- 请结合实际工作、生活，谈谈宽容之心的作用。

8 团队意识初养成

漫说实习

故事汇

物流服务与管理专业的小王是舟山新区人，实习时来到甬舟集装箱码头有限公司。在工程技术部门实习期间，小王成长了很多。他从原先追求个人效率与质量转变为追求团队的力量，在机遇与挑战中找到了自己的舞台。

刚进企业时，小王因为专业不对口，对工程技术部门的维修工作束手无策，只能跟在老师傅后面，帮他们做一些技术性不强的工作。一次，小王接到工地打来的电话，说是工人由于操作失误，导致龙门吊脱轨，滑出好几米，钢架也被拉出严重的裂痕。龙门吊是门式起重机，主要用于室外的货场、工地，进行散货的装卸作业。龙门吊在港口货场发挥着极大的作用，因此，龙门吊损坏是影响十分严重的事情。

夏日炎炎，小王接到电话后立即联系了维修师傅。然而不巧的是，那日的两位老师傅有事请假，在岗的另外两位师傅都是新手，若遇到棘手的维修难题怕是解决不了。小王与两位师傅心中忐忑，便打电话给老师傅，询问处理的方法。老师傅知道后，并不着急地说："你们已经具备了维修龙门吊的技能，现在正是发挥你们团队合作能力的时候，相信你们三个人齐心协力，肯定能将问题一一解决。"

在老师傅的鼓励下，小王与两位师傅一起到了货场。首先，他们检查事故发生后机器的损坏程度。其中一个是钢丝绳故障，一个是操作线路故障，还有一个是继电器和交流接触器故障。三人经过商议，认为钢丝绳故障较为简单，交给小王负责，操作线路故障、继电器和交流接触器故障这两个问题较为棘手，由两位师傅合力维修。分工后，小王投入了紧张的维修当中，他找到同类型与规格的龙门吊钢丝绳，做了更换。其间，两位师傅提醒经验不足的小王，在更换的时候应保证新钢丝绳不低于原钢丝绳的性能，并与卷筒和滑轮上的槽型相匹配，如果机械所需的钢丝绳由较长的绳上切下，应在切断的两端进行处理，以防止钢丝绳切断处松散。

经过半小时紧张的维修，小王的钢丝绳终于更换成功。他并没有停下来休息，而是来到两位师傅边上，帮助他们拿工具、材料。烈日暴晒下，他们的汗水湿透了工作服，又经过一个多小时的努力，龙门吊整体维修成功，三人脸上是抑制不住的兴奋。

两天后，老师傅在部门会议上表扬了小王等人，赞赏他们的团队合作精神，希望他们能将这种合作精神发扬到以后的每一次维修工作上。经过那次维修后，小王深刻体会到了团队的力量，虽然他们的技术、经验比不上老师傅，但只要发挥三个人的力量，也能出色地完成维修工作，帮助老师傅减轻负担。

实习指导站

团队是为了实现一个共同目标而组建起来的集体，成员之间分工合作、优势互补、风雨同舟。一个群体不能形成团队，就是一盘散沙；一个团队没有共同的价值观，就不会有统一的意志、统一的行动，当然也不会具有战斗力。

小王等人的经历很好地说明了团队合作的重要性。假设当时三个人没有合力维修，单靠个人的力量很难解决这么棘手的问题。实习生刚进企业时，因为各方面的能力、经验不足，如果能发挥团队的力量，不仅可以完成领导布置的任务，还能帮助自己快速成长。学校在对学生进行实习指导的过程中，需要培养他们的团队合作精神，学会正确处理自己与团队的关系，树立集体荣誉感。实习生在培养团队协作能力时，要树立以下意识：

首先，培养解决问题的主动性。任何一家企业都不喜欢只知道听从他人差遣、没有主动性的员工。实习生不应该被动地等待别人告诉自己做什么，而应主动去发现自己需要做什么。主动发现问题的人灵活性更高，能促使团队保持活力。正如上述案例中的小王等人，当得知老师傅请假时，本可以以能力或经验不足为理由，将维修工作推到老师傅在岗时进行。正因为他们有主动解决问题的意识，知道龙门吊对货运的重要性，才主动肩负起维修的责任，发挥每个人的全部力量，彰显团队的合作精神。

其次，培养包容与合作的品质。每一位团队成员都有自己的特长及处理事情的模式，即使方向或方式不同，但只要目标一致，最终都能贡献一份力量。有些员工操作能力强，出谋划策能力也不错，但当他的想法与别人不一致时就固执己见，不与人商量，甚至片面否定他人的想法。团队成员若不能客观地看待问题，固执己见，那么只会固步自封。实际上，团队里的每个人都有优势与劣势，关键是如何扬长避短，以人之长补己之短。海纳百川的团队合作精神能极大提高团队凝聚力，这需要每个成员求同存异，不能因为对方的个性而排斥他，否定他在团队里的重要性。

最后，拥有全局观念。团队精神不反对个性张扬，但个性必须与团队的行动一致，“集体利益高于个人利益”。在团队合作过程中，每位成员都是整体的一部分，必须朝着同一个方向前进，彼此摒弃私心，通力合作，以团队的利益为最终目标，才能确保合作的顺利。

课堂情景互动

教师组织学生进行“不倒森林”的互动游戏。

游戏规则：十位学生为一组，每组学生排列成圆形，每位学生右手拿一根一米长的木杆，掌心轻轻按住木杆顶部，保持其直立。教师宣布开始时，学生逆时针跑动，跑动时放开木杆，让后面的同学顺利接住，自己也迅速将掌心放到前面一位同学的木杆上，依次接替下去，直到回到自己原先的位置。在此过程中，每位学生若能保持木杆不掉地，则挑战成功。

教师将活动规则预先告诉学生，并准备好相应的道具。在上课结束前15分钟，教师安排学生依次排队来到操场上做游戏。教师准备一定量的奖品，对完成挑战的学生给予奖励。最后由教师总结该游戏的意义所在，让学生体会团队协作能力的重要性。

我问你答

会计专业的小雨在当地百世汇通物流有限公司实习，平时工作较为清闲，都能按时下班。“双十一”前一周，物流的繁忙季到来了。那几日工作量剧增，面对那么多订单，小雨与同事们一早起来忙碌到下午，中途连喝水的时间都没有，累得腰都直不起来。快到下班时，主管走进来说：“你们实习生辛苦了，不用加班，早些回去休息吧！”听到这个消息后，小雨满心欢喜，她与同事三三两两地准备回宿舍。路过其他岗位的时候，小雨看到大部分老员工还在辛苦地工作。这时，有位同学说：“老员工都还在工作，而且工作量还那么大，我们是不是应该留下来为他们分担一点呢？”另一个同学说：“我们的工作已经做完了，干嘛还要做额外的工作？”

两位同学意见不一，你一言我一语互不相让。这时，一位支持加班的同学说：“我们都是一个小组的，虽然是来实习的，但也要有团队意识。老员工年纪比我们大，他们都没有休息，我们这些年轻人怎么好意思休息呢？更何况我们大家的共同目标是完成公司的任务，现在只顾着自己手头那点工作，不替别人考虑怎么行？”

最后，小雨等人对主管说：“我们不休息了，要和老员工一起加班，因为我们是一个团队。我们是来实习，同样也是来锻炼的，不能因为我们是学生就给我们特殊的待遇。”主管最终同意了小雨等人的请求。实习生们跟着老员工一直加班到午夜。一位老员工在忙完工作之后说：“你们的行为真的让我们很感动，因为你们的加入，我们提前完成了工作。以前以为你们不能吃苦、不够团结，哪知道比我们想象的强多了。”

根据小雨的案例，思考以下问题：

- 小雨等人的行为是如何体现团队意识的？
- 小雨等人的团队意识给团队带来了哪些好处？
- 如果是你，会帮助老员工加班吗？为什么？

我教你学

美国著名的人际关系学大师戴尔·卡耐基说过：“一个人的成功，只有15%依靠的是他的专业技术，而85%则要靠人际关系和他的做人处世能力。”对学生而言，实习是迈出人际关系的第一步，因此，需要注意以下几点：

- 做到行为中处处有礼。实习生刚进入一个陌生的环境，对前辈、同事礼让三分，为人处世谦逊有礼，能为职业发展加分。

- 避免孤僻不合群。不合群是职业发展的硬伤，一个不喜欢与同事、领导打交道的人往往会在人际关系上脱节，渐渐淡出他人的视野，不利于职场发展。因此，趁着午餐、打扫卫生等时间，与同事们打成一片吧！

- 注意沟通的技巧。沟通技巧有很多，比如不要将自己的观点强加给别人、不要莽撞地打断他人的话题、尊重对方、学会换位思考等，掌握这些要领，在与他人沟通时，能让人如沐春风。

- 与人相处遵守信用。人与人之间的信任是建立在一桩桩小事之上的，因此，实习生要严格要求自己，比如答应他人的事情要办到，做到言必诚信，行必中正。

- 抛开小我，融入团队。在职场上，每一项工作的背后都是一个个团队合力的付出，因此，实习生要抛弃“单打独斗”的做事风格，站在团队的立场上去思考问题、完成任务。只有团队的力量才是持久不衰的。

安全篇

无危则安，无缺则全。“安全”二字重于泰山。安全操作、文明生产，是学生实现技能增长的最重要前提，如果操作不慎，轻则伤及身体，重则有性命之虞。因此，实习生必须增强安全意识和安全素质，提升自我防范和应急处理的能力，在保障自己人身安全、财产安全的基础上，维护他人和整个实习环境的安全。

1 牢记安全规定

漫说实习

故事汇

在校内进行模拟实训时，鉴于数控机械操作的复杂性和暗含的危险性，实训室老师总是对安全规章制度三令五申，要求每个学生都必须对相关的操作规范烂熟于心，尤其要避免引发人身安全问题的失误操作。数控技术应用专业学生小王平时比较粗心，对老师的三令五申并没有很上心，只专注于技能的提升。因为每次都能顺利完成实训操作的任务，小王更加坚信自己的操作能力，觉得不熟记机械安全操作规定也没什么大碍。

很快，实习期来临。小王为能够到企业实习、终于能触摸实体数控设备而激动不已。刚开始操作时，企业的指导师傅给小王和同学们讲了一遍安全操作规范，并监督他们一步一步地按规定操作。在师傅的监督下，小王不敢有丝毫怠慢，也没有出什么纰漏。几天后，小王对数控设备的操作渐渐熟悉，并有机会独自上机操作。小王按照师傅的要求操作，一丝不苟地完成了一项又一项加工任务。

随着时间一天天过去，小王觉得原来看起来如庞然大物的机器变得不再陌生。渐渐地，小王加工生产时不再像师傅教导的那样小心翼翼了，甚至开始盲目追求加工的速度。

一次，小王在加工中心的机床上进行 CNC 铣床操作。为了成为最快完成任务的实习生，小王没有对铣床进行例行的安全检查就接通了电源，并打开了控制柜上的总开关。因为机器平时的维护和检修到位，这次的开机并没有引起机器的不良反应，小王更觉得开机前的安全检查是多余的。操作熟练的小王以最快的速度完成了加工任务，并按下了急停开关，关闭了控制柜的总开关。

根据企业规定，铣床操作的最后步骤是在安全关掉机器开关后，对机床上残留的铁屑进行清理、回收。铁屑是刚切削下来的，温度很高而且很锋利。根据安全操作规定的要求，操作员在清理铁屑时必须戴上专用的手套，使用专业的镊子，以保护双手不被划伤。但小王急切地想要获得加工第一名，在紧张的状态下，找不到手套放在哪里。他看旁边有几位同学已经赶上他的工作进度，在一点一点清理机床的铁屑。眼看第一名的位置不保，小王心想：一点点铁屑不用手套也不要紧的，情急之下竟然用双手捧起铁屑往铁屑处理容器中放。锋利的铁屑一下子刺破了小王的手掌，血从手掌里渗出来。因为专注于捧铁屑的动作，心里急切地想赢得此次操作的胜利，小王并没有立刻发现自己受伤的事情。当看到血液流得到处都是，已经染红了他的袖口，小王这才意识到疼痛，并大叫起来。几个指导师傅快速跑过来，发现小王的双手血肉模糊，立即小心地替他处理掉残留在肉里的铁屑，用酒精消毒后送去医院。由于铁屑很锋利，致使小王双手被缝了两针，医生要求他至少休息3个月。

最终，小王因为没有遵守安全操作规定，加工成绩被判无效，前面的努力都功亏一篑，而且还导致实习期被迫中止。

实习指导站

安全问题是一个老生常谈的问题，只有遵守安全操作，才能避免意外的发生，从而才有可能在安全的环境中学好知识和技能。安全问题时时讲、处处提，听得多了，有的学生反而会觉得不耐烦，甚至产生逆反心理，就像案例中的小王一样，甚至导致安全事故的发生。安全规定是保障人身安全、财产安全的一道屏障，要想让这些安全规定真正发挥效用，每个学生必须增强安全意识，牢记这些安全规定，进而严格执行。

尽管不同专业的学生面临着各自不同的实习任务，需要遵守的安全规章制度也有差异，但是对安全问题的重视却是一样的。案例中的小王操作能力不错，但安全意识淡薄，因而在紧急时刻铤而走险，置“清理铁屑时必须戴防护手套，并使用镊子工具”这条安全规定于不顾，导致任何人都不愿看到的双手受伤的结局。

实习生遵守安全规定，可以从以下几方面努力：

首先，强化安全意识，提高安全素质。实习生在进入企业前，老师都会三令五申不规范操作的危害性，实习生不可轻视安全问题，误以为安全规章制度离自己很遥远、危险不会降临到自己头上。实习生不能存在侥幸心理，安全无捷径，应该时刻保持高度的警惕性。因为任何一次偶然性的失误操作，都很有可能伤害自己甚至他人。

其次，熟悉安全规定，掌握防范措施。安全规定主要包括人身安全和财产安全两大类，其中，人身安全的重要性高于财产安全。实习生不仅要有针对性地学习安全规定，掌握对应的防范措施，而且要深刻领会每一条安全规定的含义。因为许多安全事故的发生，都是由于没有真正理解相应的规定而盲目操作造成的。

课堂情景互动

实习指导课上，组织全班学生开展一次安全规定记忆大比拼。记忆的形式不拘一格，鼓励每个学生用自己的方式（讲故事、PPT 展示、视频播放、漫画等）讲解实习期间可能遇到的数个安全问题，要有理有据、图文并茂，教会大家如何预防危险的发生。

- 老师将学生应该遵守的实习安全规定发给学生，让学生自由组合，选择安全规定中的 1 ~ 3 条内容进行讨论。
- 选出一位代表，按照本组同学讨论的结果，用讲故事、PPT、漫画、图片、视频等形式向全班同学进行展示，目的是让大家加深对这些安全规定的理解，提升安全意识。
- 教师让学生无记名投票，选出记得最牢、印象最深的展示小组，评出前 3 名。对学生理解不到位的安全规定，老师要重点讲解，让每一个学生都能正确理解。

通过实例和图片等多种方式，让学生全员参与到安全规定的理解、记忆中来，给予即将实习的学生更加深刻的触动和教育，从而在工作时不仅想到“安全第一”，而且主动学习实习安全知识，从而增强学生的安全意识。

我问你答

小陆是嘉善五星轮窑厂制坯车间的一名机修员，没有经过岗前安全培训就直接上岗，在输土隧道检修过程中，启动输送带时不慎被带子卷住右手，致使手臂严重骨折。在被发现后，厂方及时拨打了 120 急救中心电话，送他去县人民医院进行抢救，结果小陆的右手被切除。

根据上述案例，请思考以下问题：

- 在上述事例中，导致事故发生的直接原因是什么？
- 安全培训有何重要性？
- 以“操作前掌握安全规定知识”为主题，与同学进行讨论。

2 路上的安全

漫说实习

故事汇

小齐是一名中餐烹饪专业的学生，离校后去了一家当地的酒店实习。因为是实习生，所以每天早上8点就要上班，晚上也要到8点多才能下班。小齐住的地方跟酒店之间的距离比较远，公交车的班次也不多，早上挤公交不是来不及就是人太多，常常迟到，而且晚上也经常错过末班车。

为了上、下班方便，小齐买了一辆电瓶车。从此以后，小齐不用每天踩着公交车的时间点到站等候，只要算好骑电瓶车的车程和时间，就不会迟到。几天下来，小齐都没有迟到，而且还早到了。小齐开始放松了，认为反正有电瓶车，肯定不会迟到，大不了骑得快一点。

一天早上，小齐跟平时一样睡了懒觉，但没想到的是，那天早上睡过头了。等到小齐一觉醒来时，离上班时间只剩半小时不到。小齐急急忙忙就骑上电瓶车出门了。一路上，小齐开足“马力”，见到缝隙就钻，可谓是跟时间赛跑。因为酒店有规定，迟到一次扣50元钱，这对刚实习的小齐来讲真是心痛。

小齐越骑越快，也不管红绿灯，逮着机会就冲。车子骑到一个路口转角处，突然从前面冲出来另一辆电瓶车。小齐由于车速过快，躲闪不及，一个急转弯，愣是连人带车撞到了一旁的柱子上。当时，小齐还不觉得有什么，只是脚踝处隐隐作痛，他想可能是淤青了。眼看就要迟到了，小齐顾不上疼痛骑上被撞了一个大坑的电瓶车，就往酒店方向驶去。结果可想而知，他还是迟到了。

来到厨房以后，免不了又被师傅一顿数落：“怎么这么迟？中餐材料准备都要来不及了，去把那些菜洗好、切好。”因为小齐的实习岗位是厨师，一天下来只能是站着或是来回走动。

令他没想到的是，他的脚踝处越来越痛。第二天，小齐只能请假到医院检查。检查结果是小齐的右脚脚踝处轻微骨裂。接下来的日子，小齐只能在家休养，酒店的实习也泡汤了。以前在学校里，老师总是教育学生一定要重视交通安全，宁可慢一点，也不要拿生命做赌注。小齐听了总觉得是老师大惊小怪，觉得这种事情离自己很遥远。没想到，现在就这么真切地发生在自己身上，幸运的是这次只是脚踝轻微骨裂，更严重的后果简直想都不敢想。

这一次的经历也让他真正明白遵守交通法规的重要性，不管驾驶任何交通工具，都应该保持高度的警惕，减速慢行，遵守交通法规。

实习指导站

交通安全无小事。据不完全统计，我国每年因交通安全事故而死亡的人数高达6万多。近年来，道路上又出现了一支“电瓶车大军”。电瓶车作为交通工具的新宠儿，因其现代性、环保性的特点，再加上小巧灵活、性价比高，骑起来轻快方便、速度还可以较快等优点，深受广大市民的喜爱。但是电瓶车在给市民带来便利的同时，也因为其超标（超速）严重，加之一般电瓶车的驾驶者都没经过交通安全知识及技能培训、考试，交通安全意识淡薄，容易造成安全事故的发生。

对于刚走出校门的实习生来讲，公交太堵、地铁太挤、出租车太贵，电瓶车就成为他们上班出行的首选。但是往往因缺乏交通安全意识，骑车上路后会出现随意闯红灯、变换车道、逆向行驶的现象，容易导致交通事故的发生。如案例中的小齐，为了多睡几分钟，急急忙忙赶去上班，在骑电瓶车过程中闯红灯、超速，最终导致交通事故的发生。

在实习期间的上、下班路上，如何降低交通事故发生的概率呢？首先，要时刻牢记遵守交通法规。交通规则的存在就是为了防止、减少交通事故的发生，可还是有很多人为了图一时方便，抱着侥幸心理，不遵守交通法规。不闯红灯，减速慢行，养成良好的交通出行习惯将为你的安全添上一道保护屏障。

其次，出行前检查车子性能，确保车子安全行驶。由于电瓶车主要依靠电瓶来维持动力，所以在充电过程中也一定要注意安全，要按指示充电。每次出行前要检查一遍电瓶的电量是否充足，还要经常检修电路电线，防止电线老化引起短路、自燃等意外事件的发生。

最后，实习生上、下班时尽量选择公共交通工具。电瓶车虽然比较方便，但存在的安全隐患较大。从现在的交通事故发生频率来看，电瓶车已经是交通事故高发工具。选乘公共交通不仅有利于自身安全，同时也助于缓解交通拥堵的现象。

交通安全历来是人们重点关注的问题，随着私家车的逐年增多，交通事故发生的频率也越来越高，在让人们出行变得日益方便的同时，也带来了安全隐患。有人曾称交通事故为“现代社会的交通战争”，交通事故像一个隐形的杀手，潜伏在马路上等待着违章违规的人出现。因此，我们应当学会保护自己，养成文明行车、文明走路的习惯。血的悲剧告诉我们一定要遵守交通法规，真正做到“关爱生命，安全出行”。

课堂情景互动

在实习指导课上，可以举行一次“交通安全在身边”的主题讲座。

邀请当地交警给全班学生做一次关于交通安全的讲座，以鲜活的案例普及交通安全知识，提高学生的交通安全意识。

通过讲座的形式，再进一步强化学生的交通安全意识，在实习时能够注意交通安全，防止交通事故的发生。

我问你答

2014年4月30日，章某驾驶登记在其名下的一辆宝马牌白色小轿车沿湖北省十堰市的东风大道由南向北行驶，在行驶至东风大道外国语学校门前路段右转进入外国语学校时，遇李某驾驶无号牌二轮电动车，

由于章某未按交通规定安全驾驶，小轿车在进校门时左侧中部与电动车前部发生碰撞，造成李某受伤、两车受损的交通事故。

2016 年 1 月 16 日早晨 7 时 40 分许，在广东省佛山市的禅城文昌路与汾江北路交界，一辆右转货车与一辆欲过马路的电动车相撞，骑电动车女子不幸身亡。禅城交警赶来处置、清理现场，恢复交通秩序。据目击者称，该货车刚刚从文昌路的桥上下来，欲在该路口转向汾江北路。可是，在驶向右转车道时，一位骑电动车的女子正通过斑马线。由于下雨天驾驶者的视线不好，货车的左前方撞向了该女子，事后该女子不治身亡。

根据上述案例，思考以下问题：

- 在上述两则案例中，都出现了什么问题？
- 如何避免这类事故的发生？
- 通过上述两则案例，你得到了什么启示？

3 电是一柄双刃剑

漫说实习

故事汇

“宿舍不得使用大功率电器，严禁私拉电线；每晚23点断电断网，按时就寝；不得将易燃易爆等危险物品带入宿舍；严禁在床上吸烟……”这是小章实习单位的《员工宿舍管理条例》。

2015年11月，小章和同学一起来到当地一家物流公司实习。住进单位宿舍之前，管理员就告诉了小章等实习生：“来到公司实习，就是公司的一员，就一定要严格遵守宿舍的管理条例，不该做的事情一件也不要做。”小章和几名同学住进了同一间宿舍，宿舍里还张贴着《员工宿舍管理条例》，以便时刻提醒实习生遵守规章制度，确保宿舍安全。小章看到这些，对接下来的实习又多了一份安心，安全规章制度是实习生进入企业要学习的第一堂课，这个单位能够把宿舍安全工作做得如此细致，其他方面的安全措施也一定做得很到位。

时间过得很快，转眼已经一个月了。随着12月的到来，气温开始下降。每天下班都比较晚，回到宿舍又冷又饿，小章的室友们每天回到宿舍就想睡觉，更不愿意去食堂吃饭。奈何天气太冷，肚子又饿，室友就琢磨着买取暖器、电磁炉，下班后能取暖还能煮面吃。小章听了，觉得太危险，试图阻止：“你们这样做是违反宿舍管理制度的，万一出了事情就麻烦了。”但是室友们说：“电磁炉很安全，我们只是煮点东西吃，不会有事情，你不要大惊小怪。”

很快，室友们买来了取暖器、电磁炉，每天下班后就关起门来在宿舍煮面，开着取暖器取暖。小章觉得这样太危险，决定向宿舍管理员举报。管理员和实习指导老师知道此事以后，对这几名学生进行了严肃的批评教育，并没收了他们的取暖器和电磁炉。这关乎到整个宿舍的安全，稍不留神就会引起火灾，在小章看来，能够及时制止室友们的危险行为是正确的。但自此之后，室友们对小章颇有怨言，觉得小章背叛了他们："就知道打小报告，小人……"

直到后来其他宿舍的员工因为私拉电线而导致电路烧毁，引起火灾，这才让室友们意识到自己当初行为的危险性。

宿舍是实习生除了工作场所待得时间最长的地方，如果不遵守宿舍安全管理条例，任意妄为，就会造成潜在的安全隐患，给自己和身边的人带来危险。从此以后，小章和室友们严格遵守《员工宿舍管理条例》，每次管理员和实习指导老师前来检查时都表扬他们宿舍。在"员工优秀宿舍"评比中，小章的宿舍还被评为"优秀寝室"。看着寝室内挂着的锦旗，小章和室友们都觉得很开心。

实习指导站

电是我们离不开的一种能源，生活中到处都用到它。然而，凡事都有两面性，电给我们带来方便的同时，也存在着诸多的安全隐患，稍不留神就会导致毁灭性的灾难。

实习生在去企业实习时，往往会随心做一些危险的事情，缺乏安全意识。比如案例中小章的室友，受不了天气寒冷，又不愿意去食堂吃饭，为了图一时方便和舒服，违反《员工宿舍管理条例》冒险在寝室使用大功率电器。小章在看到室友的危险行为时，能够谨记管理员之前的教导，及时劝阻和举报室友们的危险行为，成功地避免了事故的发生。但是能够做到小章这样的实习生并不多。

作为实习生，在企业实习时，要如何避免用电的危险？

首先，严格遵守企业安全规章制度。不管在哪个地方都要牢记安全规定，宿舍有宿舍的安全注意事项，工作区域有工作区域的安全规章制度。实习生既然来到企业实习，就是企业的一份子，应该严格遵守各处的安全规定。

其次，克服实习生活中的不方便之处。实习生在企业实习，住员工宿舍，肯定不能像在家里一样，想什么就用什么，必须要考虑到实际情况和身边人的安全。宿舍规定不能私拉电线、不准使用大功率电器，那就绝对不能使用，不能心存侥幸，为了图一时方便而做危险之事。

最后，量力而行。实习生虽然应该在实习中尽心尽力，多承担工作任务，但凡事还是要量力而行。毕竟作为实习生进入企业实习，不管是经验还是能力方面都还是不够的，所以在面对一些难度、危险系数较高的操作时，不要逞强，该请师傅或者老员工做的工作就要请他们操作。

每个人的生命只有一次，都是宝贵的，不管在哪里都要牢记安全第一。实习是每个学生必须经历的一个环节，学校的老师和企业也都十分重视这一问题，在实习前和实习期间都会不断强调注意安全，遵守企业的安全规章制度，严格规范操作，以确保安全。除了用电要十二万分小心，用火也需要谨慎，实习时不要把易燃易爆的危险物品带到宿舍或者工作场所；下班前检查好电源、厂门、窗户，避免一些电路出现故障、火星溅入而引起火灾。

安全无小事，所以在实习过程中务必要重视用电、用火安全，切不可掉以轻心。

课堂情景互动

实习指导课上，组织一次“安全用电”的知识竞赛。

- 将全班学生分成 4 ～ 8 个小组，学生们可以自由组合，并选出每组的小组长。

- 竞赛前，老师告诉学生题目类型，包括理论知识和操作技能，让学生有的放矢进行准备。题目分为必答题和抢答题，必答题为每个小组在规定时间内必须要作答的题目，答对加 1 分，答错不扣分；抢答题由每个小组同时抢答，答对加 2 分，答错倒扣 1 分。

- 最后统计每组的得分，决出 1 ～ 3 个优胜组，并给优胜组的学生颁发奖品。

通过这样的知识竞赛，让学生进一步了解安全用电的重要性和注意事项，提高学生的安全意识。

我问你答

2015 年 9 月小李去了一家化工厂实习。一天下午，在检修二级中控配电室低压电容柜时，小李在未断电的情况下，直接用手钳拔插保险。因操作不当，手钳与相邻的保险搭接引起短路，形成的电弧将面对电容柜的小李的双手、脸、颈脖部大面积严重灼伤。幸亏被送进医院及时救治，小李才脱离了生命危险。同时，电气短路烧毁了电容柜上不少电气元件，造成该柜联接系统单体停产长达 3.5 小时，给企业造成了较大损失。

根据上述案例，思考以下问题：

- 上述事故发生的原因是什么？
- 实习生在单位实习要注意哪些安全事项？
- 上述案例给你什么启示？

4 将安全延伸到校外宿舍

漫说实习

故事汇

物流专业的小张在高三上学期迎来了为期一年的顶岗实习。小张实习的百世汇通物流有限公司离学校很远，如果住在学校宿舍，上下班将会耗费很长时间，而且也很不方便。于是，小张决定在百世汇通物流有限公司的附近租一个房间居住。在征得爸爸妈妈的同意后，小张与爸爸一同到学校的就业实习处，与实习处的老师一起签订一式三份的《实习生校外住宿安全协议书》。

随后，小张和爸爸一起租下了一个一室一厅的房间。虽然小张的爸爸希望她跟其他同学一起合租，但小张一心想要有一个独立的、不受打扰的空间，要过一个人的“自由”生活，拒绝了爸爸的提议。在帮助小张添置好各种独自生活需要的生活用品后，爸爸在离开前又对她千叮咛万嘱咐，要她多留一个心眼，有什么危险立即打电话回家。小张觉得爸爸太慎重了，不以为然地点了点头。

送走爸爸，小张待在这个自己拥有“主权”的房间里，畅想着实习后一个人无拘无束的生活，脸上笑开了花。实习的前几天，小张每天都按时上下班，尽管生活起居中少了同学、朋友的身影，但她仍然乐在其中。一个人上班去物流公司，一个人下班回家，觉得这种独来独往的感觉很新鲜、很惬意，心里还暗想：一个人住也没有那么危险呀！

可是好景不长，不久小张就遇到了一个不大不小的问题。出租房里平静如水的生活被门外一阵奇怪的脚步声打破了。事情发生在一个周五的晚上，由于白天公司的任务比较多，小张回宿舍时已经是晚上7点多。刚关上房门不久，门外就传来了两声敲门声。小张感到很奇怪，她记得只把住址告诉了实习处的老师、爸妈和几个特别亲近的同学，都这么晚了，应该不会是他们。小张没敢立即开门，于是从房门的猫眼向外张望，但门外一个人也没有。这让小张有点害怕，连忙检查了一下门锁是否反锁着，并把防盗门链扣上。小张心里发怵，一晚上都没怎么睡好。第二天早上，小张出门前留心听了一下，门外没有什么异常响动，便匆匆出门往物流公司赶。

工作的时候，小张还不时想起这个诡异的敲门声，但她觉得可能是自己大惊小怪，并没有把这件事告诉指导老师。一下班，小张就马上往家赶，想着早点回家才安全。回家没多久，房门外又响起了一阵脚步声。根据声音判断，有人正在她的门口。小张屏气凝神地从猫眼往外看，果然看到一个模糊的人影在门外走来走去，还时不时地敲一敲墙、拉一拉门。小张的心一下子就提到了嗓子眼，心想外面应该是个坏人。这时她想起平时老师对她们的安全提醒，连忙拨打了报警电话。

不久，警察来了。在听了小张的描述后，警察告诉她，那个在门外的人影很有可能是最近在小区流窜作案的小偷，警察正在密切注意他的动向，准备捉拿归案。警察再三叮嘱她，以后再有陌生人敲门，千万不要开门，一定要把门锁好。

几天后，小张听楼层的物管大叔说，那个前两天出现的小偷已经被警察抓住了，还提醒她一定要多留一个心眼，有什么紧急情况可以找物管的叔叔阿姨帮忙。小张很高兴又多了一条遇到危险时的求助途径。经过这件事，小张不再对老师和爸爸妈妈常说的安全问题嗤之以鼻，凡事更加小心谨慎。每次老师来抽查实习生的校外租房情况时，都会对老师据实相告，并对老师的关心表示感谢。如果有时下班晚了，她会叫上一两个同学一起回去，一路上互相照应，在安全回到出租屋后，还会给爸妈报一声平安。

实习指导站

实习生在企业实习的安全，有企业的安全规章制度和指导老师保驾护航，但在离开实习单位后，他们的安全又该如何得到保证呢？

很多学生实习的企业往往远离所在的学校，如果每天在学校、企业两地来回奔波，要耗费不少时间。而且，有的实习生不满意实习企业安排的住宿条件，不愿意住在企业。因此，现在有越来越多的实习生选择在企业附近租房居住，但这样就会存在许许多多的安全隐患。出租房的环境和住宿条件往往要比学校和家里复杂得多，实习生大多涉世未深，对危险的鉴别力、防御力较低，因此为确保自己在校外住宿期间的人身安全和财务安全，一定要始终保持警惕性，在租房前、租房期间都要注意安全问题。

首先，在校外租房前，要按照学校要求的程序办好手续。除符合一定的条件外，还必须与学校签订一份《实习生校外住宿安全协议书》（或称《安全承诺书》），承诺按照安全协议书上的要求执行。同时必须仔细阅读协议书中的各项条款，明确自己在校外住宿时应该履行的安全职责，实时与学校老师保持联络，定期汇报自己的学习、工作情况。

其次，在选择出租房时，要十分谨慎地挑选合适的房东和合租人，最好选择与同班同学合租。如果是与社会上的人员合租，女生最好选择单身女性作为合租对象，尽量避免与男性或有男性的家庭合租。同时检查房间的电路情况，不要租电路老化和有其他安全隐患的房间。案例中小张的房间是在爸爸的帮助下筛选的小区房，安全性相对较高，出现危险也可以及时获得物管大叔的帮助。

再次，在校外租房住期间，实习生应特别注意从企业到出租房之间的交通安全，尤其是在下班后，不要四处逗留，应及时回出租房。要尽量避免一个人夜晚单独外出，应该像案例中的小张那样，晚上下班迟了要找同学或朋友结伴回去，从而消除路上的安全隐患。

为了实时了解实习生在校外租房的情况，学校实习处老师和班主任都会进行不定时的抽查。每个实习生都应该积极配合老师查岗、查寝，并如实反映校外居住情况，有问题及时汇报。案例中小张在实习处老师来查岗时，都会据实汇报，配合老师做好实习期间的校外住宿安全工作，在校外租房居住的实习生应该向小张学习。

我问你答

在实习期间，小曾与几位同学一起在校外合租了两个相邻的房间。一次下班后，小曾隔壁房间的同学邀请他去玩游戏，疏忽大意的小曾把自己的房门虚掩着就去了隔壁房间。两个小时后，当小曾和同学结束游戏出来时，发现自己的大门敞开着。小曾检查自己的物品，发现手机和钱包不翼而飞，于是立即报警。

根据上述案例，请思考以下问题：

- 在上述事例中，导致小曾钱财丢失的原因是什么？
- 如果你是小曾，实习时在校外租房应该如何预防这种情况的发生？

拓展营

校外实习安全提示

每个实习生都应该意识到，实习期间到校外住宿并不意味着从此获得“自由”，因为任何一种自由都是相对而言的。而且，由于校外不稳定的因素较多，如果想要保护好自己的人身、财产安全，更不能随心所欲。在校外住宿时，实习生本质上依然还是职业学校的一名学生，依然需要遵守学校的《毕业顶岗实习管理办法》《学生实习安全管理规定》等安全规章制度，注意防火、防盗、防骗，重视交通安全和饮食安全等，从而为实习任务的圆满完成打下牢固的安全基石。具体注意事项有：

- 遵纪守法。要严格遵守国家的法律、法规和相关规定，远离毒品，不打架斗殴，不酗酒闹事，不从事迷信活动，不参加非法组织等。

- 防盗防抢。妥善保管好自己的贵重物品以及存折、银行卡和现金；不轻信陌生人，不与网友会面，注意自身行李物品财物安全。
- 防骗防传销。社会上一些不法分子利用中奖、交友、介绍工作、推销商品等手段，引诱实习生上当受骗。因此，在实习期间尽量不向陌生人透露自己的个人信息，不贪恋小便宜，不轻信他人。
- 消防安全。严格遵守实习单位的安全规定，不携带火种进入生产区域，不在禁烟区域吸烟等；在宿舍内，不得私自使用热得快、电热毯等，不私拉乱接电线等。
- 交通安全。自觉遵守交通法规，提高防范意识，不得无证驾驶，不乘用不合规定的车辆等。
- 其他注意事项。不准在实习期间私自外出打工；不去野河游泳，夜间勿去光线阴暗的偏僻处，注意防范意外事件发生。

5 平路更容易跌跤

漫说实习

故事汇

冰路易走，平路难行。在某著名大酒店实习的时候，实习生小明的指导师傅张师傅经常这样教导他。一开始，小明不太明白这句话的含义，为什么师傅会说难走的冰路好走，而容易走的平路却不好走呢？但很快，小明从一件亲身经历的事情中，懂得了其中的道理。

作为一个烹饪专业的实习生，小明一到实习的酒店就被分配到了切配菜的岗位。负责指导的张师傅告诉他，切配菜是烹饪流程中的一项重要工序，是菜式烹饪的基础，影响着原料的入味，关系到菜肴的品相。而且，每种不同的原材料都有不同的切菜注意事项，其中大骨肉和冷冻肉很不好切，需要切菜员用很大的气力，而且肉上附着的冰容易使刀具打滑，稍有不慎就会切到自己的手指。而双手对一个厨师的重要性不言而喻，一旦伤到手指就不能再在岗位上学习操作技能，因此要特别注意安全。

听了张师傅的教诲，小明铭记于心，并且在切大肉和骨头的时候格外小心，好在刀子没有发生打滑的事情，每一刀都能切中要害。渐渐地，他掌握了一些切冷冻肉的小窍门：小心谨慎永远不会错，只要不盲目追求速度，切冷冻肉就不会伤到自己。看着小明的快速进步，张师傅很是欣慰。一个月的“面对面”指导结束后，张师傅决定让小明独立负责一些简单的肉和蔬菜的切配工作。

“出师”后，小明没有大意，为了保护自己的双手，在切很难切的菜品原材料时，总是很谨慎，不仅没有一次伤到手，而且还能够将难切的菜切好，成为众多切配工中的佼佼者。克服了切菜中最艰难的“关卡”，小明觉得自己已经做到了技法纯熟，就将黄瓜、胡萝卜、白菜这些简单易切的蔬菜当成了“小菜一碟”，切起来不那么上心。有时候甚至会对简单的菜“盲切”，眼睛不看菜，凭着感觉切下去。几次顺利“盲切”

后，小明对于易切的蔬菜更加不放在心上，凡是蔬菜一律“盲切”，倒也没出现什么大问题。

一次，厨房里遇到一个大单，要做很多菜肴。为了追求速度，小明在切胡萝卜的时候没有看着菜切，加上大厨在催菜，他心里也跟着紧张起来，一不留神，一刀下去切到了左手食指。眼看着食指第一节被切开了一条大口子，连骨头都露出来了，旁边几个厨师连忙拿来纱布，帮他简单包扎后就送他去了最近的医院。

经过医院诊断，小明的手指因为切进去太深，需要缝针。此时，小明回想起张师傅的话“冰路易走，平路难行”，这才明白了师傅早已告诉他的安全道理：越是危险的操作，越会让人引起重视，因而每一步都走得小心谨慎，反而不会有什么危险；而越是简单的操作，就越容易让人放松警惕，在容易的地方疏忽大意，最终酿成苦果。

实习指导站

根据《全国职业院校学生实习责任保险工作2015年度报告》的数据显示，在实习生发生的安全事故中，超过半数的事故都是一般性的伤害，重大危险性伤害反而比较少。从事故原因分析，学生安全意识不足、疏忽大意是学生事故频发的主要原因。

“怎么会发生事故呢？我都注意那些危险的操作呀，看起来一切都挺好的呀！”许多人在事故发生后的第一反应是这样的。但仔细探究，我们会发现，某些事故仅仅源于一个未拔下来的充电器，或者仅仅源于一个未清理的螺钉。细节，全都是由于最容易放松警惕的细节而引发的事故！

俗语有云：“小心使得万年船”。实习过程中的任何一个小环节都潜藏着危机。越是看起来简单的事情，越是潜藏着危机。因此，实习生必须对细节有警醒意识，留意到那些细微之处。正如案例中小明的师傅常说的“冰路易走，平路难行”。在一些最容易的操作环节，实习生总是信心满满，从而对其中的危险毫不在意，因为“轻敌”而最终导致“大意失荆州”，发生了安全事故。案例中，小明负责的切菜任务中，切胡萝卜和白菜虽然看起来简单，但最考验实习生的安全素养。小明出现这种“在平路上跌跤”的问题，原因在于只注意了危险性高的地方，而忽视了那些“不起眼”的细节。

在正式走上实习岗位前，面对纷繁复杂的专业实习任务，不论任务的难易程度，每个实习生都应该把每一次的实习操作都当成一项严谨的任务来做，事事留心、时时注意，提升综合的安全素养。为此，实习生应该从以下几个方面引起重视：

首先，安全教育是向实习生传输安全知识、防范风险的有效途径。实习生要端正对安全教育的认识，避免在学校和实习单位的安全教育中“走形式”。要在经验丰富、安全素质过硬的教师或师傅的授课中汲取有关安全常识，特别是注重本专业的职业安全知识，做到有备无患。

其次，在正式实习前，实习生必须事先通过本职工作安全知识、安全技能及安全心理状态的考查，真正在心里树立安全“红线”，不仅要重视较为危险的操作，更要重视那些看起来相对容易的操作任务，多留一个心眼，从而形成较强的安全风险意识。

最后，在锻炼任何专业技能时，实习生都必须专注。在初学技能时，不要想着“一口吃个大胖子”，囫囵吞枣理解技能操作要求，而必须在最容易的地方下最大的功夫，练好基本功，从而避免“平路跌跤”问题的发生。

总而言之，危险往往暗藏在最不起眼的地方，如果等到事故发生之后再采取补救措施，不仅会耗费大量的人力财力物力，而且会阻碍实习的顺利开展。因此，实习生必须时刻警醒，具备“险途小心，平路谨慎”的心态，才能最大限度地减少危险的发生。

我问你答

梁某在进入岗位前，经过了专业的安全教育培训，对危险的细节反应敏感，同时还获得了专业的焊接资质。在进入企业焊接车间现场时，梁某敏锐地嗅出现场味道不对，并看到地面油漆未干透。于是，他立即向车间主任报告："现在不可以进行焊接作业，因为地面刚刚油漆过，空气中有明显的油漆散发出来的甲苯等稀释剂的味道，存在爆炸或着火的风险！"车间主任采纳了他的建议，于是一场事故被成功避免了。

根据以上案例，请思考以下问题：

- 梁某和案例中小明的行为有何不同？为什么会导致不同的结局？
- 从梁某身上，我们可以学到些什么？

拓展营

放大细节看安全

安全无小事，容不得丝毫马虎。一些沉重的甚至是永远无法弥补的代价，有时就起因于某一个被忽略的细节。无数大大小小的安全事故告诫我们：安全生产追求的本质其实是细节。

1912 年 4 月 10 日，"泰坦尼克号"巨轮进行第一次前往纽约的航行。身为该轮二副的 37 岁的大卫·布莱尔出发前临时被公司老板换下来，取而代之的是从另一艘轮船调来的被认为是经验更加丰富的船员亨利·怀尔德。由于交接得十分匆促，大卫·布莱尔忘记将一把钥匙交给对方而带下了轮船。这是唯一一把打开瞭望台上橱柜的钥匙，而橱柜里装着船上仅有的一副双筒望远镜。由于无法借助观测仪器，值勤的船员只能凭借肉眼，观察航道的前方是否有障碍物。在船员发现海洋上的冰山这个"庞然大物"时，一切都为时太晚。随着"泰坦尼克号"巨轮和冰山碰撞的巨响，1 522 人葬身大西洋，一场惊世骇俗的海难发生了。

除了“泰坦尼克号”的大型海难事件，一些小小的细节处理，也折射出安全的重要性。

因为工作需要，青岛啤酒集团某车间在一个角落里准备了一个活动梯子，用来方便工人们上上下下。梯子要用时被支了起来，不使用时就将其搬到拐角处搁着。安检员特意把写有“注意安全”的小条幅挂在梯子旁边，以防它不倒下将人砸伤。对于这样一件小事，谁都习以为常，没有在意。几年里也从未出现梯子倒下砸伤人的事件。

后来，这个活动梯子和边上的小条幅引起了前来与青岛啤酒集团洽谈合作事项的某外国代表团的注意和兴趣。一位专家提出了一项中肯的建议：将小条幅上“注意安全”改为“不用时请把梯子横放”。从表面看，换几个字只是小事一桩，但效果完全不同。“注意安全”的提醒没有具体的内容，不能唤起工人们真正的注意，也无法防止梯子倒下伤人的危险。“不用时请把梯子横放”明白无误地要求把梯子放置于安全位置，杜绝倒下伤人的危险。

在安全方面，细节往往决定成败，越是在那些“看起来平静的海面”，越是涌动着一股股危险的暗流。在实习中，放大事件的细节，才可以看到安全问题的症结所在。

6 食品安全源自专业操作

漫说实习

故事汇

小王是旅游烹饪专业13届1班的一名高二学生。在正式实习前，学校就已经为小王和他的同学们选好了实习的单位。小王被分配到学校附近一家知名的餐饮连锁企业实习。到这个餐饮界著名的饭店去锻炼，一直是小王的梦想，因为可以获得饭店大厨的亲自指点，技能一定会飞速提升。现在梦想就要实现了，小王别提多高兴了，学习的劲头就像鼓起的风帆一样。

去实习时正是烈日炎炎的夏天，但小王的心情跟太阳一样火热。小王在学校主要学的是中餐烹饪技艺，因此被分配到了中厨部。中厨部岗位分工很明确，有专门的水台、打荷、砧板、炉头、上什等详细的分工。因为是实习生，小王不能单独做复杂的菜肴，只能做一些砧板线上的工作，对各种清洗好的食材进行切和腌的深加工。

在刚刚开始学习切菜、腌菜时，小王的师傅就告诉他，砧板的工作是整个厨房的灵魂，因为食材是否干净、新鲜，腌制的味道是否达标，关系到最终烹饪出来的菜肴的色香味。听了师傅的话，小王发现原来自己的这个岗位这么重要，心里不禁涌起一种成就感。尽管厨房里温度较高，他热得汗水直流，但仍然擦擦额头的汗水更加卖力地工作。

一天，店里有客人点了一份带肉的炒菜。因为天气炎热，食材都是放在冰柜里冻着的，师傅一边忙着做别的菜，一边让小王先把肉拿出来解冻，然后切好、腌好。此刻，小王正忙着切菜，本想切完手里的菜再去解冻肉，等手里的菜切完竟把师傅的吩咐忘记了。等到他想起来时，师傅那边马上就要炒这道菜了，就连忙把冻肉拿出来放到了灶台边。由于灶台旁边火力大、温度高，肉很快就化好了，他连忙把肉拿来洗了切好。师傅已经把油烧热，催着他把肉递过去。情急之下小王只好把来不及腌制的肉拿给师傅。因为担心被师傅骂，小王没敢把解冻肉的失误告诉师傅。当时师傅没有看出来异样，小王以为侥幸逃过一劫。

但很快，厨房就收到了来自客人的投诉，因为客人没吃两口就发现肉有一股怪味。面对客人的投诉，小王的师傅不仅立即免费重新给客人做了一道菜，而且还和饭店经理一起，向客人郑重地赔礼道歉，这才让客人消了气。

事后，小王意识到问题的严重性，向师傅承认了自己解冻肉时的失误操作，以及没有对切好的肉进行腌制的过失。师傅当即批评了小王，出现客户投诉，主要是由于小王切菜、腌菜环节没有做好，是工作失职。小王解冻肉时没有按照解冻肉类的标准来操作，解冻温度远远超过了规定的20℃，再加上当时处在天气炎热、室温较高的环境，导致肉很快发生变质，产生怪味，影响到了食品的品质。好在客人及时发现了菜的问题，不然后果不堪设想。

听了师傅的话，小王终于明白，自己没有做好食品加工阶段的风险控制，差点酿成大祸。小王立即诚恳地向师傅道歉，并且写了悔过书，保证以后不再犯这种低级的错误。从此，小王时刻绷紧“食品安全”这根弦，保证食材在自己经手期间不再出差错。

实习指导站

餐饮企业与其他机械类企业相比，看得见的危险操作相对较少，但是在看不见的地方却蕴含着极高的风险。餐饮企业的产品就是食品，经过选材、加工、烹饪、装盘等工序后，应该保证摆到客人面前的菜肴是新鲜和高品质的，操作稍有不慎，就会导致人员食物中毒甚至死亡等恶性事故的发生。因此，在餐饮企业实习时，实习生一定不能投机取巧，只有遵循专业的操作标准，保证自己的操作环节符合安全的要求，才能最终保证食品的质量。

从专业角度而言，食品安全的风险管控包括三个阶段：事前预防—事中控制—事后总结。其中，“事中控制”是安全风险管控的核心。在案例中，小王的岗位是砧板工，参与到了食品的加工过程（切菜、腌菜），属于“事中控制”阶段。但是，由于小王经验不足，在解冻肉类的时候急于求成，完全忽略了对肉质保鲜的职责，是没有做好“事中控制”的表现。

作为餐饮企业的实习生，为了保证自己所在环节的食品安全，必须增强安全风险管控意识，做到以下几个方面：

首先，充分了解自己所在岗位的工作流程，然后熟记流程，严格按照食品安全加工的要求执行，不能投机取巧、急于求成。以解冻肉类原材料为例，不能求快，而应遵循解冻原则：缓慢解冻、温度均匀适当，否则不但会影响肉的营养价值，还会使微生物繁殖，导致出现食品安全问题。

其次，在熟悉业务的同时，实习生还要多观察厨房的环境，学习厨房风险管控要求，做到安全风险管控“四清楚”“三到位”。“四清楚”是指清楚任务、危险点、作业程序和安全措施，“三到位”是指人员到位、措施到位和执行到位。

最后，坚持食品安全的动态管理原则。因为餐饮企业的“事中控制”并不是一成不变的，实习生在对食品进行加工（切菜、腌菜、烹饪、装盘等）时，往往会遇到多种任务交叉进行的情况。动态管理要求实习生机动灵活地处理问题，分清事情的轻重缓急。以案例中的小王为例，他正在进行切菜任务时，师傅临时安排他解冻肉类的工作，这个时候不仅要做好切菜工作，还要兼顾解冻肉的工作，不能因为心急而顾此失彼，忘记安全操作要求。

为确保餐饮企业的现场安全工作能控、可控、在控，实习生必须严格按照一定的程序，以专业的态度做好食品安全控制工作，守好食品安全的重要“防线”。

我问你答

2014 年 7 月 20 日，上海福喜食品有限公司被曝使用过期劣质肉，并

向知名餐饮企业供应，且在厂区之外还有一个神秘的仓库，专门把别的品牌产品搬到仓库里，再换上福喜的包装。2014 年 7 月 22 日，初步调查表明，上海福喜食品有限公司涉嫌有组织实施违法生产经营食品行为，并查实了 5 批次问题产品，涉及麦乐鸡、迷你小牛排、烟熏风味肉饼、猪肉饼，共 5 108 箱。上海市公安局介入调查，初步查明，麦当劳、必胜客、汉堡王、棒约翰、德克士、7.11 等连锁企业及中外运普菲斯冷冻仓储有限公司、上海昌优食品销售有限公司、上海真兴食品销售有限公司普陀分公司等 11 家企业使用了“福喜”产品。

2014 年 7 月 24 日，上海市公安局依法对上海福喜食品有限公司负责人、质量经理等 6 名涉案人员予以刑事拘留，对经营、使用“福喜”产品的问题食品，采取下架、封存等控制措施。

根据上述案例，思考以下问题：

- 劣质肉怎么会进入上海福喜食品有限公司进行加工的？是哪个流程没有进行安全风险控制？
- 上海福喜食品有限公司的劣质产品为什么会流向麦当劳、必胜客等知名餐饮企业进一步使用？

拓展营

构建专业的安全风险管理体系

无数的安全生产教训告诉我们，预防事故，实现安全生产，必须建立专业的安全生产管理机制，这是保障员工生命安全及身体健康，保障企业长治久安，稳定发展的根本措施。其中，较为常用的是安全风险管理体系，它是目前系统解决安全生产中存在问题的最好方法，适用于食品企业、机械加工企业等各种类型的企业。安全风险管理体系回答了安全生产“管什么、怎么管，做什么、怎么做”的问题，从管理理念、内容和方法上确保安全生产风险可控、在控。

安全风险管理体系通过对生产过程中的危害进行辨识、再进行风险评估，从而制定并优化组合各种风险管控措施，形成一个有机的体系，实现对风险的有效控制，最大程度降低风险可能造成的不良后果。

这套体系包括危害辨识、风险评估、风险控制等，体系运行遵循“PDCA 循环”（包括计划、实施、检查、处理四个阶段）的管理模式。体系重在“事前控制”和“过程管理”环节，基本思路是：基于风险、以人为本、规范行为，注重安全生产过程分析，强化安全风险评估，实施安全风险动态管理，坚持纠正与预防。

具体而言，体系由 9 个单元、51 个要素、159 个管理节点和 480 条管理子标准组成。其中，9 个单元包括：安全管理、风险评估与控制、应急与事故管理、作业环境、生产用具、生产管理、职业健康系统、能力要求与培训、检查与审核。明确了安全生产管理的范围、具体的工作类型、管理的关键点（或流程节点）以及相应的方法，因而对安全生产工作十分有效，提高了企业安全管理的软实力。每个企业都应该建立一套相应的安全风险管理体系，以保证企业安全生产、高效运营。

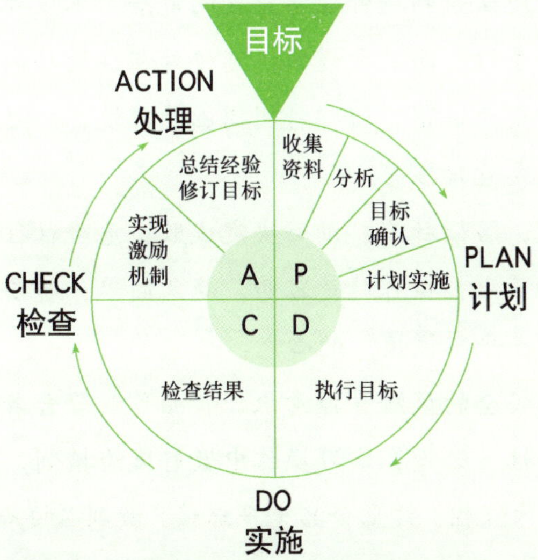

“PDCA”循环管理模式

我教你学

实习期间，学生或多或少会遇到各种岗位安全、人身安全、财产安全、交通安全等问题。据相关数据统计，几乎每一年都有实习安全事故发生，牵动着公众、老师和家长的心。只有真正重视安全，才能为自己的实习全程撑起一把绿色的“保护伞”。总体而言，实习生需要从以下几个方面提升安全意识和安全保护技能：

- 牢记安全规定。出现实习危险情况，多半在于实习生不遵章守规。因此，实习生需要摒弃侥幸心理，强化安全意识，牢记每一项安全规定，按照规定进行实习操作，正确使用各项操作工具。

- 保障交通安全。在实习企业上下班途中，是实习生最容易大意的时候，往往因为急躁而违反交通规则，甚至酿成安全事故。所以实习生应时刻遵守交通规则，最好选择公共交通工具出行，如果需要独自骑行，应定时做好骑行工具的性能检查和维护，为自身上下班途中的安全增加一道保护屏障。

- 注重校外住宿安全。实习生选择校外住宿有一定的便利之处，但同时也应该清醒地认识到校外住宿存在的危险。不仅要按照规定办理实习企业住宿相关手续，而且要谨慎挑选校外租住的房间和合租人员。下班后不要在实习企业逗留，留心房间周围的环境，一旦有危险，应立即向学校老师汇报或直接报警。

- 注重细节，防微杜渐。细节决定成败，危险往往潜伏在最不容易引起重视的小细节上，操作越是容易、越是简单，越要严格要求自己，具备“险途小心，平路谨慎”的心态。

- 增强食品安全的风险管控意识。食品作业蕴含着极高的风险，为保证食品的安全性，必须在实习操作中做好风险控制。要充分熟悉并遵守食品生产、制作流程，熟悉食品生产环境，做到“四清楚”“三到位”，同时做好食品安全的动态管理，从而做到有备无患。

法律篇

法律，在日常生活中似乎离我们很远，实则不然，法律就在你我的身边。任何人都享受着法律赋予的权利，都必须履行法律赋予的义务。对于实习生而言，法律尤为重要。一些实习生可能认为，实习过程中只要踏踏实实工作就行，法律跟我们没什么关系。这种看法是片面的。对于实习生而言，法律不仅是必须遵守的条文准则、不可逾越的底线，更是遇到危险、伤害保护自己、维护自身合法权益最为有力的武器。因此，实习生了解法律、学习法律很有必要。

实习期间，实习生与法律结缘从一纸协议开始。之后，法律就能提供切实保障。当然，在实习过程中，实习生最需要注意的还是树立起法律观念，顺利完成实习，走上工作岗位。知法、守法从实习做起。

1 学生未动，协议先行

漫说实习

故事汇

2015年6月，建筑装饰专业学生小沈即将开启她的实习生涯。此前，小沈的班主任曾将《中等职业学校学生实习管理办法》与《顶岗实习协议书》两份材料发给班上的每位学生，并嘱咐他们务必在实习之前与单位签好协议。小沈做事严谨，她与班上的几位同学即将去实习的单位是一家装饰公司，报到之前，她就约上同学，把协议交给主管，并要求当天就签好，单位与个人各执一份。随后，小沈等人告别学校，开始了职场实习生活。

起初，小沈对工作怀着一腔热枕，每天跟着老师傅学习如何接待客户、帮客户选择装修方案，遇到疑难问题，她总是积极地请教前辈，工作忙碌而充实。然而，正当小沈等人满怀热情地投入到工作中时，公司的财务状况出现了问题。据老师傅透露，公司资金流转困难，有些职工拿不到公司承诺的奖金，心中不满，加上业务也没有起色，因此陆续离职，使得公司人才流失，客户也减少了不少。

初入职场实习的小沈等人认为，既然是公司的低潮期，即使他们只是实习生，也应该与公司同舟共济、共渡难关，故而仍旧坚守岗位，一丝不苟地将本职工作做好。由于公司人员流失过多，小沈等人的工作量骤然加大，几乎天天加班。一天，小沈等几位同学下班后闲聊，其中一位实习生小杨说："我们过来实习，虽说是以学习、积累经验为主，但天天加班，公司理应给我们加班费。"小杨的话引起了同学们的思考，他们商量后决定在发工资的时候留心一下，看看是否有加班费，如果没有，再与主管沟通。

一个半月过去了，原先说好的工资并没有如约发到实习生的手上，小沈有些沉不住气了。她与几位同学合计后，决定找主管询问相关情况。小沈作为实习生代表，来到了主管办公室。"主管，我想冒昧地问下，实习工资是几号发的？”小沈开门见山。主管笑着说：“小沈啊，你们几位实习生表现很好，公司是知道的。你们要以学习为主，平时多与老师傅沟通，争取做得像他们一样出色。至于工资，等账务情况好转了，公司一定第一时间发给你们。”主管没有直言具体发工资的时间，而是耐心地安抚了小沈的情绪，让她安心工作。一晃又半个月过去了，公司拖欠的两个月工资迟迟没有着落，看着老员工走了一个又一个，小沈觉得这份工作“前途未卜”，决定终止实习。

为此，小沈连同其他几位实习生向主管说明了离开企业的想法，并要求企业结算这两个月的实习工资及加班费。听了小沈等人的要求，主管先是盛情挽留，然而小沈等人去意已决，主管只好同意他们离开，但对实习工资及加班费，却以各种理由推脱。拿不到工资，小沈等人悻悻而归，他们决定将情况告知实习指导教师，请他以学校的名义帮忙与企业交涉。实习指导教师了解小沈等人的遭遇后，便问他们实习前是否与企业签署过实习协议。得到小沈的肯定回答后，实习指导教师便将协议里涉及到薪资的几条规定作为与企业协商的依据与企业进行协调，最终帮小沈等人要回了应得的薪资及加班费，保障了学生在实习期间的合法权益。

实习指导站

实习生与实习单位是否建立劳动关系，实习生的相关权益是否明确受到法律保护，目前存在不同的意见。站在受保护的一方认为：《关于贯彻执行<中华人民共和国劳动法>若干问题的意见》第四条规定：“公务员和比照实行公务员制度的事业组织和社会团体的工作人员，以及农村劳动者（乡镇企业职工和进城务工、经商的农民除外）、现役军人和家庭保姆等不适用劳动法。”因此，实习生受到《中华人民共和国劳动法》的保护。另一方则认为：实习生的身份是在校学生，非劳动法意义上的劳动者，因而实习期间不受《中华人民共和国劳动法》的保护。

针对以上两种不同的声音，在司法实践中主要以教育部、财政部的《中等职业学校学生实习管理办法》对实习生的权利义务做了规定，比如第八条规定“实习单位应向实习学生支付合理的实习报酬。学校和实习单位不得扣发或拖欠学生的实习报酬”；第九条规定“企业接受学生实习并支付给实习学生的报酬，按照《财政部、国家税务总局关于企业支付学生实习报酬有关所得税政策问题的通知》（财税 [2006]107 号）有关规定在计算缴纳企业所得税前扣除。”因此，实习生在实习之前签订一份实习协议至关重要。小沈等人之所以能要回应得的薪资，正是凭借着实习前与单位签订的两份实习协议，其中《中等职业学校学生实习管理办法》对薪资做了简要规定，而《顶岗实习协议书》是小沈所在学校自行拟定的，包括实习期限、工作内容、劳动保护及劳动条件、劳动报酬及支付方式与时间，里面清楚地写到每月津贴及津贴发放日期等。

作为实习生，从目前劳动法律规范的角度来讲，的确存在着身份上的尴尬，属于界限不明的“边缘人”，而一份实习协议能起到最起码的保障，是实习生维护权益的最有利依据。在实习之前，实习生不能因为手续繁琐而省去签订协议这一环节，应该仔细阅读协议里面的每一项内容，在遇到法律纠纷时，能合理地运用它来维护自身的权益，真正做到“学生未动，协议先行”。

课堂情景互动

实习指导教师安排学生表演“维权意识在身边”的小品。

- 教师提前一周将学生分成 3 ~ 4 组，并由学生自行设定小品主题，如“实习被扣工资怎么办？”“收到快递后发现货品损坏怎么办？”“生活中被人侵犯肖像权怎么办？”等，让学生先写好小品的剧本，再安排合适的演员排练。

- 课堂上，教师利用前半节课的时间，请每个小组在全班同学面前表演准备好的小品节目，每组表演时间为 5 ~ 8 分钟。
- 表演结束后，师生共对小品里采用的维权方式进行点评，最后由教师做总结，深化该节课的主题，强调维权意识的重要性。

我问你答

机电专业三年级学生小王在学校实习就业推荐会上没有找到自己满意的工作，不是嫌离家太远就是嫌薪酬太低。于是，小王在亲戚的介绍下，来到附近小镇上的一家小型企业实习。实习前，小王将学校下发的《中等职业学校学生实习管理办法》及《顶岗实习协议书》交给企业领导，双方签订了协议。协议签订后，企业领导告诉小王，实习生是不享受五险的，因此公司没有义务为他缴纳，希望他能理解并在工作中注意安全。小王告诉领导，学校为每位实习生缴纳了“实习生责任险”，没有工伤保险也没关系。

7 月的一天，小王在车间生产现场操作设备时，发现车床上的物料没有放到位，就用手直接挪动物料，不料手指被正在运转的机床击伤。受伤后，小王被第一时间送到医院进行医治，因病情严重，医生立即组织了手术。为此，公司帮小王垫付了部分医药费。随后一周，小王又进行了二次手术，前后的手术费用将近 8 万元。事后，公司领导找到小王，希望小王拿到“实习生责任险”的赔付后能将公司垫付的医药费退还给公司，并要求与其签订一份退还医药费的协议。小王及其家属认为，小王在工作期间受伤，根据之前签订的《顶岗实习协议书》第七条“实习期间学生人身伤害事故的赔偿，依据《学生伤害事故处理办法》和有关法律法规处理”。因此，小王及家属拒绝与公司签订这份协议，并要求公司承担部分医疗费。

根据小王的案例，请思考以下问题：

- 实习生不是企业的正式员工，能否享受工伤保险？
- 如果实习生在实习期间发生意外，是否可以向用人单位提出赔偿？
- 目前有哪些法律法规可以保障实习生的合法权益？

2 遇到骚扰怎么办？

漫说实习

故事汇

与男生相比，女生相对柔弱，更容易成为不法分子的犯罪目标。对于初入职场的实习生而言，如何保护好自己，正确应对“坏人”的侵袭是不容忽视的职业课题。旅游管理专业小岑的遭遇以及她面对骚扰事件所采取的措施能够为实习生提供借鉴。

小岑天生丽质，一直是同学们眼中的“校花”。由于读的是旅游管理专业，她对自己的形象也十分注意。实习期间，小岑被分配到当地档次最高的酒店担任客房服务员的工作。工作过程中，小岑谦虚谨慎、吃苦耐劳给酒店客房部主管吴姐留下了深刻印象。班主任看到小岑的成长也十分欣慰。万万没有想到，临近实习结束，却发生了一件令所有人都措手不及的事。

一天晚上9点，忙碌了一天的吴姐向值班员工交代一些工作后便下班回家了。小岑按照惯例进行第一遍楼层巡视。走到四楼的时候，电梯门打开了，浓重的酒气扑面而来。一位体型微胖的男士踉踉跄跄走出电梯，由于不小心，西服掉在地上。善良的小岑赶忙拾起西服，上前搀扶醉酒男士。此人见到面容姣好的小岑便不怀好意地一笑，对小岑进行语言骚扰，并且动手动脚。惊慌失措的小岑不断提醒对方注意言行举止。谁料男子勃然大怒，一面诬陷小岑弄脏了自己的西服，一面继续对其进行语言和肢体骚扰。羞愧难当的小岑沿着楼梯跑回了酒店大堂。

站在大堂中央，小岑生平第一次体会到生活的艰辛，眼泪止不住流下来。她的第一反应是给班主任和吴姐打电话。但由于时间已经很晚了，小岑实在不好意思打扰别人休息，再加上被骚扰之后觉得难为情，小岑很快放弃了第一时间打电话的念头，决定先冷静一下，进一步思考对策。换班后的小岑回到寝室，其他员工都已经睡了。无助的她躲在被子里哭泣，并下定决心要为自己讨回一个公道。

第二天一早，小岑就将自己遭受骚扰的事情告诉了吴姐，并向其他老员工借手机通知了班主任和自己的表姐。无论是学校、企业还是家庭，对于小岑遭遇骚扰一事都非常重视。吴姐第一时间联系保安，调取视频监控。根据监控视频，吴姐发现骚扰小岑的不是别人，正是从事销售工作并且经常来酒店就餐的刘先生。吴姐马上到酒店前台查询刘先生所住房间号。前台服务员表示刘先生刚刚办理完退房手续。按照登记簿上的记录，吴姐打通了刘先生的电话，并要求他马上回到酒店。

据酒店熟悉刘先生的员工反映，此人经常因酒失态，常有酒后语言骚扰女服务员的表现。刘先生回到酒店后，气焰十分嚣张。吴姐、班主任和小岑的表姐一再要求刘先生向小岑当面道歉并赔偿精神损失。刘先生表示自己并没有对小岑构成什么实质性伤害，语言和肢体骚扰并不算犯罪，和服务员动手动脚很正常，即便报警，警察也不会管这些鸡毛蒜皮的“小事”。

实习之前，学校专门组织教师对学生进行法制教育。小岑认真学习并做了笔记。本以为枯燥的法律条文离自己的生活很远，没想到居然真的能够派上用场。小岑一改昨晚哭泣无助的状态，态度坚决地告诉刘先生:“《中华人民共和国妇女权益保障法》明确规定‘禁止对妇女实施性骚扰’，并对‘性骚扰罪’的行为特征做出了具体界定。通过口头方式、行动方式和设置环境方式对妇女进行骚扰都是违法行为。《中华人民共和国治安管理处罚条例》明确规定‘对于侮辱、恐吓他人，干扰他人正常生活的人员，处五日以下拘留或者五百元以下罚款;情节较重的，处五日以上十日以下拘留，可以并处五百元以下罚款。’如果刘先生拒不道歉并赔偿损失，自己一定会运用法律手段维护自己的合法权益。”

最终，刘先生在学校、酒店和小岑家庭的多方面要求下，向小岑当众道歉并赔偿其半月工资。酒店也由于自身工作疏忽多支付给小岑半月工资作为赔偿。

实习指导站

性骚扰是每位实习女生都害怕遇到的事。小岑遭到刘先生的骚扰后，之所以能够运用法律武器维护自身的合法权益，主要是因为其对于性骚扰有着明确的认识和较强的防范意识，对性骚扰有关法律条文了解得也比较透彻。

是不是只有肢体接触才算性骚扰，哪些行为算骚扰行为？关于性骚扰，我国法律作出过明确解释。所谓性骚扰，指的是一种不被欢迎或不被接受的语言或带有性意识的接触。也就是说，当某一方用各种方法去接近或尝试接近另一方，而另一方没有兴趣或不喜欢或不愿意或不想要这些带有性意识的接近，便可说是性骚扰行为。性骚扰表现形式主要有三种：一是口头方式，如以下流语言挑逗对方，向其讲述个人的性经历、黄色笑话或色情文艺内容；二是行动方式，故意触摸、碰撞、亲吻对方脸部、乳房、腿部、臀部等敏感部位；三是设置环境方式，即在工作场所周围布置淫秽图片、广告等，使对方感到难堪。

对于实习生而言，面对骚扰，正确的心态和态度十分重要。骚扰发生后，要保持冷静，但千万不能抱着轻视或置之不理的态度。忍耐和逃避肯定解决不了问题。无论男生还是女生遇到性骚扰一定要表明自己的立场，很坚定的告诉对方你的不快，并告诉对方请自重。和对方说“不好”“不行”“走开”等词语时声音一定要大，态度要坚决并表现得很愤怒、很厌恶，让对方知难而退。之后向自己信任的人寻求帮助。若经常遭受性骚扰，要将发生的时间、地点、场合、对方的行为和谈话的内容记录下来，为以后的维权提供证据。

课堂情景互动

在实习教师指导下，组织学生开展防“狼”演习活动，让学生分组模拟表演可能发生的骚扰及应对行为。每组表演结束后，组长通过条理清晰地论述，加深其他学生对该问题的理解，从而避免学生在实习过程中遇到骚扰而不知所措的情形。

- 实习教师提前将要讨论的话题告知学生，并安排学生分为 4 人一组，模拟各种可能遇到的骚扰情景。
- 课堂上，教师安排一节课的时间，让各组学生依次表演，每组限时 7 ～ 8 分钟。
- 每组表演结束后，由各组组长论述自己组的观点和做法。根据学生的发言，教师请台下学生提问或者进行补充说明。
- 教师针对学生的发言做简单的总结。

拓展营

看美国人如何预防和应对性骚扰

众所周知，美国是一个开放的国家。但美国对于性骚扰有着严格的预防体系。根据美国相关规定，一般情况下，预防和应对性骚扰首先要从工作单位和学校开始。目前在美国的高等院校内，在雇佣新教师和新员工之前，就要对其进行教育，发送教工手册。手册里面详细而明确规定禁止任何不受欢迎的异性接触行为等。在一些私人院校特别是宗教院校里面，还要求新教职员工进行宣誓保证等。这样工作单位和院校就明确告诉员工，虽然男女关系属于私人隐私，但在工作单位或院校之内，这种关系不仅是私人关系，而是涉及到公众关系的，决不能把工作角色同私人关系相混淆。

如果发生性骚扰事件，政府希望被骚扰者知道，他们绝对不是无助的，他们可以通过报道、诉讼揭露和起诉侵犯自己的人来保护自己的合法权益。“保护弱势群体”是美国公认的社会道德标准。

美国提倡对被性骚扰者进行心理咨询。在美国大学，这种心理咨询是免费提供的。学校设立专门部门受理性骚扰受害者的心理咨询，解决相关矛盾，惩罚被控诉的员工和教员。

鼓励性骚扰受害者勇敢地控诉。当然，性骚扰受害者提出诉讼时都需要勇气、时间和精力等。政府建议性骚扰的受害者要拿出比较明显的证据，例如视频和音频证据等。

对女性从业人员进行适当的性教育等，让女性从业人员知道，不应怕局面搞僵的恐惧而让自己委曲求全。由于怕羞而难于开口等原因，一些受性骚扰的女性不愿公开谈论自己被性骚扰的事情。所以有必要教育女性从业人员意识到什么是不受欢迎的性企图和性行为，要学会自我保护。而且要让男性从业人员清楚这些行为会给他们的名誉、事业和家庭关系带来风险和伤害。

美国大学里也要求女性包括女性员工和学生自尊、自爱，加强自我保护意识。如在夏天不要穿过于暴露的衣服、对于自己的言谈举止要做到自我约束等。在美国的教会大学里，明确规定限制师生恋。

3 面对体罚，勇敢说不

漫说实习

故事汇

“现代学徒制”的内涵之一就是祛除封建学徒制的糟粕，追求师傅与徒弟人格上的尊重和平等。随着社会的发展和时代的进步，现在实习过程中的师徒既像父子、也像朋友。师傅关心徒弟的学习和生活，徒弟可以向师傅敞开心扉畅谈感悟。然而，人与人的性格不尽相同。一些脾气火爆的师傅因为“恨铁不成钢”，采用不恰当的方式对徒弟进行惩罚，属于变相体罚。面对这种侮辱自身人格和尊严的行为，实习生要勇敢地说“不”。烹饪专业学生小汪的遭遇能够为广大实习生提供借鉴。

在校期间，小汪积极上进，虽然天赋一般，但由于勤奋刻苦给班主任尹老师留下了深刻印象。实习期间，小汪被分到了当地一家知名酒店。巧合的是，专门指导小汪的师傅也姓汪，是该酒店的后厨主管。由于汪师傅烹饪技艺高超且较为年长，后厨员工都尊称他为“老汪”。实习之初，小汪十分庆幸自己能够被分到汪师傅麾下，跟随他学习烹饪技艺。汪师傅的经验和指导使小汪受益匪浅。对于汪师傅而言，由于自己在后厨资历较高，也十分希望自己的徒弟能够出类拔萃、青出于蓝而胜于蓝、受到顾客的好评，因此对小汪的指导自然而然比较上心，对小汪的要求也比较严格。“名师出高徒”是后厨员工对这对师徒的普遍期望。

随着实习的深入，工作强度的加大，小汪渐渐感觉到了工作的疲惫，在炒菜过程中甚至会手臂感觉到麻木。有一次，一名客人所点的菜里需要煎一个荷包蛋。小汪在煎的过程中没有控制好火候，荷包蛋煎得有些糊。由于还有许多其他的工作要做，对煎糊的荷包蛋小汪并没有十分在意。上菜后，顾客看到煎糊的荷包蛋就向酒店经理表达了不满。酒店经理将顾客的意见反映给了汪师傅。要强的老汪觉得脸面无光，想到自己的徒弟连最简单的煎荷包蛋都做不好，顿时火冒三丈。一天的工作结束后，其他员工都已离开。老汪走到小汪跟前，对小汪一顿训斥，并要求小汪重新煎十个荷包蛋。小汪虽然心里委屈，但考虑到确实是因为自己工作失职，便按照师傅的要求重新煎了十个荷包蛋。之后，老汪要求小汪一口气把十个荷包蛋全部吃下去，长长记性。面对师傅的这一要求，小汪向师傅表示没有煎好荷包蛋是自己的责任，自己已经认识到了错误。没有消气的汪师傅听不进小汪的解释，执意要求小汪吃下十个荷包蛋。由于当时后厨再无他人，看到师傅生气的小汪内心也比较胆怯，只得一口气吃下了十个荷包蛋。

事后，小汪觉得自己的人格受到了严重的侮辱，将自己的遭遇报告给了班主任尹老师。尹老师到酒店后厨调解，要求老汪向小汪道歉，帮助小汪消除心理影响。老汪表示自己并没有体罚学生。尹老师告诉老汪，体罚不仅仅是指采用暴力对学生肉体造成伤害，采用过量的劳动惩罚、讽刺挖苦、谩骂等行为对学生精神造成伤害都是变相体罚，同样属于体罚的范畴。学校有权利要求酒店对汪师傅进行警告和记过处分。考虑到自己当时情绪过于激动，老汪向小汪承认了错误。小汪也能够理解师傅的“恨铁不成钢”行为，师徒二人冰释前嫌，之后反而拉近了彼此的感情。在之后的实习中，小汪再也没有犯过错误，老汪也对自己这个勤劳刻苦的徒弟倍加喜爱了。

实习指导站

面对体罚，要勇敢说“不”。但勇敢并非鲁莽。案例中，小汪在没有其他人帮助的情况下，选择吃下十个荷包蛋，并在事后毅然决然地将自己的遭遇报告给老师，勇于维护自己的权益，是机智的勇敢、真正的勇敢。

实习过程中，师傅对学生要求严格是可以理解的。实习生不应该将师傅的批评和指正都视为体罚而拒绝接受。只有体罚和变相体罚的行为才是违法的。学生在实习之前首先要明确体罚和变相体罚的定义，正确分辨师傅的行为。

体罚是指以暴力的方法或以暴力相威胁，或以其他强制性的手段，侵害学生的身体健康的侵权行为，如殴打、罚站、下蹲、超过身体极限的运动、刮脸、打嘴巴等行为。变相体罚，是指采取其他间接手段，对学生肉体和精神实施惩戒并使其受到伤害的行为，如劳动惩罚、抄过量作业、讽刺挖苦、谩骂等行为。案例中老汪对于小汪所采取的惩戒属于变相体罚。

面对体罚，实习生要有法律维权的意识。我国《未成年人保护法》第十五条规定："学校、幼儿园的教职员应当尊重未成年人的人格尊严，不得对未成年学生和儿童实施体罚、变相体罚或者有其他侮辱人格尊严的行为。"《未成年人保护法》第四十六条规定："未成年人的合法权益受到侵害的，被侵害人或者其监护人有权要求有关主管部门处理，或者依法向人民法院提起诉讼。" 第四十八条规定："学校、幼儿园、托儿所的教职员工对未成年学生和儿童实施体罚或者变相体罚，情节严重的，由其所在单位或者上级机关给予行政处分。"我国《义务教育法》第十六条规定："禁止体罚学生。"《教师法》第三十七条规定："体罚学生，经教育不改的要给予教师行政处分或者解聘。情节严重，构成犯罪的，依法追究刑事责任。"

具备了法律维权的意识，实习生在遭受体罚的过程中要注意智勇结合、随机应变，巧妙保护自身安全。在对方实施体罚的过程中，实习生要勇敢向周围人求助。如果对方和自己处在封闭的环境中，周围没有其他人在场，在不危害自身健康和安全的前提下，实习生可以暂且忍受对方的辱骂等语言惩罚的行为，保护自身安全，避免和对方正面冲突。并尽可能留下证据，待事情过去后向班主任和相关部门寻求帮助。总之，维权要以保障人身安全为前提。

课堂情景互动

实习指导教师组织学生进行一次谈心茶话会。每个人的成长过程中，难免经历各种各样的伤痛。教师鼓励学生“吐苦水”，把痛苦的经历说出来，由其他同学给予安慰。

教师模仿心理辅导机构举办心理疏导会的形式，组织学生围坐在一起，要求有倾诉欲望的学生依次和大家分享自己的故事，可以是自己遭受辱骂、暴力的事件，也可以是自己被别人误解的经历。待学生讲述完毕后由其他学生对讲述学生给予安慰。

通过学生讲述自己的遭遇，帮助学生消除心理障碍。通过同学之间的鼓励和安慰增强班级凝聚力。实习指导教师可以根据学生的讲述展开针对性指导，传授给学生应对具体问题的解决方法。

我问你答

马国君是一名小学生，尽管平时学习有些吃力，但从一年级到三年级，他的性格一直开朗活泼。从四年级开始，马国君像是变了一个人，父母发现马国君回家后常常躲在屋里哭泣。问他为什么，他却始终不肯说出原因。

直到四年级下学期的一次班会课上，由于没有按要求穿校服，班主任把马国君叫到讲台前，当着全班同学的面，连着打了他十几个耳光。挨打后，马国君流着泪一直在教室的角落里站到放学。

马国君的父母得知此事后十分震惊，要求学校调查处理。学校就此事开展了调查。学校领导当着家长的面，询问马国君被打的经过。原来，马国君挨打已经不是第一次了。四年级更换班主任以后，马国君已经被新班主任打了十七八次。马国君的脸部、背部、手臂、小腿都受到过不同程度的击打。有一次，班主任把马国君叫到办公室，打他的脸，把他的眼镜都打掉了，镜框也掉到地上摔裂了。

得知详情后，校方对马国君班主任的行为作出处理，调离教师岗位，向学生家长赔礼道歉，并赔偿马国君眼镜一副。学校还取消了该班主任评先进的资格，扣发其相应奖金，并通报全校教职工引以为戒。然而，马国君并没有因此走出被老师体罚的阴影。由于班上同学的嘲笑，他的精神处于恐慌之中，常常独自发呆，害怕见人，夜间睡眠差，经常做恶梦，幻觉性地把“老师”看成“怪兽”，形成了恐惧、自卑、厌学等异常心理。

万般无奈之下，马国君被父母带到医院检查，医院诊断其为反应性精神病，精神病院会诊结果是延迟性心因反应，也属精神病。后来，马国君被当地某中学录取。据马国君的父母说，因为病情恶化，马国君一直没有上学。他们曾经多次劝说孩子环境变了，老师变了。但他认为所有的老师都打人。之后，医院精神病司法鉴定委员会受法院委托，对马国君病情做出司法鉴定。鉴定结果为延迟性心因反应，这与被打体罚有关。

根据上述案例，请思考以下问题：

- 造成班主任毫无顾忌地多次体罚马国君的原因是什么？
- 应该如何避免此类体罚事件的发生？
- 如果你是心理医生，你会如何开导马国君？

4 树立法律观念，杜绝小偷小摸

漫说实习

故事汇

中国有句古话，“王子犯法，与庶民同罪”。法律面前，人人平等。任何人触犯法律都会受到相应的惩罚。对于职业学校的学生而言，实习是其踏进社会的第一步。初入社会的实习生面对外界的诱惑，要树立起法律观念，绝不能因侥幸心理而做出违法行为。实习期间，每位同学都要在自己的内心拉起法律的警戒线。要知道，法律面前无小错。任何人做任何事一旦逾越了法律这条界线，则悔之晚矣。

汽车维修专业的小张、小李和小王被分到当地同一家汽车修理厂实习。小张家境殷实，又是家中的独子，从小一直被父母疼爱。小张的父母对待自己“宝贝儿子”可以用“捧在手里怕掉了，含在嘴里怕化了”来形容。实习期间，小张的父母担心小张吃不饱、穿不暖，为小张准备了大包零食。除此之外，他们还给了小张 2 000 元钱，叮嘱他来不及吃饭就到修理厂外的饭店“开小灶”。

对于一个十几岁的孩子而言，2 000 元钱可以算是一笔“巨资”了。有一天，工作结束回到寝室，小张从自己衣柜里拿出 2 000 元钱，向小李和小王炫耀。对于小张的表现，小李只是一笑了之。小王看着小张手中一叠红色的钞票，内心掀起了波澜。和小张不同，小王家住嵊州农村，从小生活就不富裕。由于家里还有弟弟妹妹，小王的父母总是要求小王把好吃的、好玩的让给弟弟妹妹。来城里上学的几年时间，小王开拓了眼界的同时也有了更多的欲望和幻想。智能手机、ipad 对于小王而言都是可望而不可及的“奢侈品”。“有了 2 000 元钱，我就能买自己想要的东西了！”一时间，小王的脑子里充斥着这一念头，将实习前老师的叮嘱和学校的要求抛之脑后。熄灯后，小王借着窗外的月光注意到小张将锁衣柜用的钥匙藏进了自己的枕套之中。于是，一个“完美”的计划在小王内心成型了。

第二天一早，小张和小李叫小王一起去工作。小王借口肚子不舒服需要上厕所让小张和小李先走，并且不要锁门。小张和小李离开后，小王从小张的枕套里拿出钥匙，打开小张的衣柜，准备从中取走2 000元钱马上去电子商城买部手机。小王认为，只要自己不承认，没有人有证据能够证明他就是小偷。就在小王从衣柜中拿出2 000元钱的一瞬间，小李回到了寝室。原来小李刚出寝室没多久，发现自己的工作帽忘带了，便回寝室取工作帽，没想到打乱了小王的计划。

小王不但没有悔改之意，反而因为“要手机心切”执意要用小张的钱去买手机。小李警告小王他的做法是违法的。小王表示自己未满十八周岁，不负法律责任。小李借用实习指导老师说的话告诫小王，我国公民年满十周岁就需要承担民事责任。即便小王能够逃脱刑事责任，也不能逃脱民事处罚。虽然十八周岁是未成年人和成年人的界线，但在我国，年满十六周岁的公民犯罪就需承担刑事责任。小王盗窃数量达到2 000元，已经可以被列为重大刑事案件。法律面前无小错！除了晓之以法，小李还对小王动之以情，告诉小王要多考虑家人的感受。父母供孩子上学不容易，实习结束就能报答父母的养育之恩，在这个时期犯错误可谓是功亏一篑。在小李的耐心劝说下，小王放弃了偷盗的念头，将2 000元钱放回了小张的衣柜，并将钥匙放回原处。

事发之后，小李没有将小王的所作所为传扬出去，而是建议小张将衣柜钥匙随时带在自己的身上。之后，小李多次找小王谈心，并尽自己所能在财力上帮助小王。最终三个人完成实习，顺利走上了工作岗位。

实习指导站

对于实习生而言，内心要有明确的是非观念，坚决杜绝违法行为的发生。因为一旦违反法律，后果极其严重。违法的后果主要表现在：

第一，违反法律的行为具有社会危害性。法律总是以保护特定的利益为目的。法律保护特定利益的基本方式就是给予违法行为一定的惩罚性后果，即由违法行为人承担相应的法律责任。行为的社会危害性应当是认定一个行为是否违法的实质性标准，具体表现为对他人的人身、财产造成损害乃至破坏和谐健康的社会环境。

第二，违反法律的行为会对违法人自身及家庭造成损害。任何违法行为都要承担相应的法律后果，但不同性质的违法行为所应当承担的法律后果是不同的。民事违法行为要承担民事责任，如赔偿损失、返还原物、赔礼道歉等；刑事违法行为要承担刑事责任，如判处有期徒刑、罚金、剥夺政治权利等；而违反治安管理行为应当承担的是行政责任，具体说就是予以治安管理处罚，如警告、拘留、罚款。无论何种处罚，都是对违法人的自由和财产造成损害，进而影响整个家庭的和谐美满。

小李之所以能够抵制金钱的诱惑，是因为他在自己内心牢牢树立起法律的观念。在内心树立起法律观念，需要做到以下四个方面：

首先，有依法办事的思想观念。身为中华人民共和国的公民，不仅要遵纪守法，而且要自觉监督社会主义法律的遵守和执行，坚决同一切违法犯罪行为做斗争，为社会主义法制的真正实现做贡献。

其次，树立法律的权威意识。任何个人和机关、组织都不具有超越法律之上的权力，都必须依法办事，坚决反对“人情大于法”的法律虚无主义观念，无条件地服从法律的要求和约束。

再次，树立权利义务相一致的观念。法律最为重要的精神就是强调公民权利和义务的统一性。公民有依法行使自身权利的自由，但也要切实履行法律赋予公民的义务，形成正确的公民意识。在享受自身权利的同时，不应损害他人的合法权益，更不能忘记对国家、社会所应负起的责任。

最后，树立起法律面前人人平等的观念。不分性别、民族、种族和职业，公民都平等地享有法律赋予的权利和义务。任何人犯法都要受到法律的追究和制裁。任何人都不能逾越法律而恣意妄为。

这四个方面也是需要所有实习生在实习过程中应该做到的。

课堂情景互动

实习指导教师组织学生开展“小偷先生，我想和你谈一谈”活动。通过组织学生给小偷写信的形式，引导学生树立法律意识，了解与盗窃有关的法律常识。

将教室后面的黑板作为“信件墙”。教师利用班会课，组织每个学生给小偷写一封信。信中可以向小偷讲解盗窃给他人带来的危害以及相关法律规定的处罚条款，劝导小偷早日改邪归正。信件的写作不需要追求华丽的辞藻，而是鼓励学生用真诚的语言感化小偷。教师选择优秀的学生信件张贴于教室后面的“信件墙”，供同学阅览交流。

通过引导学生给小偷写信，鼓励学生从客观的视角思考盗窃的严重性。学生感化小偷的过程也是加强自身法律意识，在内心画出法律警戒线的过程。此次活动的最终目的是促使学生知法、懂法、守法、宣传法，坚决杜绝小偷小摸的等违法行为。

拓展营

不同的“偷”之道

从前有这样两户人家。一家是齐国人，姓国，十分富有；一家是宋国人，姓向，非常贫穷。姓向的听说姓国的很有钱，便专程从宋国跑到齐国，向姓国的请教致富的方法。

姓国的告诉他说：“我之所以发家致富，是因为我很善于‘偷’。我只用了一年的工夫就有了吃穿；两年下来就相当富足；三年过后，我的土地成片、粮食满仓，我成为方圆百里之内的大户。从那时起，我便向乡邻施舍财物，大家都得到了我的好处。”

姓向的人听了十分高兴。他以为姓国的致富走的是偷盗这条路，他以为姓国的所说的“偷”就是到处翻越人家的院墙，凿开人家的房门，凡是眼睛所看到的、手能拿到的，就可以拿走归自己所有。于是他回家以后，到处偷窃。没过多久，他因被人查出了赃物而判罪。姓向的人不但清退了全部赃物，而且被判罚没收他以前积累的所有家产。

姓向的把自己的失败归咎于受了姓国的欺骗，于是就到齐国去，找到姓国的责备他说：“你骗我，我去偷怎么就犯了法呢？”

姓国的听了哈哈大笑，说：“你是怎么去偷的呀？”

姓向的把自己翻墙打洞偷盗人家财产的经过讲给姓国的听。姓国的又好气又好笑地对他说：“咳，你真是太糊涂了！你根本没弄懂我所说的‘善于偷盗’是什么意思。现在我仔细告诉你吧。人都说天有四季变化，地有丰富的出产，我偷的就是这天时和地利呀。雨水雾露，山林特产和湖泽养殖，可以使我的庄稼长得很好，房舍建得很美。我在陆地上能‘偷’到飞禽走兽，在有水的地方能‘偷’到鱼虾龟鳖。无论是庄稼和土木还是禽兽和鱼虾龟鳖，这些东西都是大自然的产物，并不是我原本所有的。我依靠自己的辛勤劳动，向自然界索取财富，当然不会有罪过，也不会有灾祸。可是，那些金银宝石、珍珠宝贝、粮食布匹，却是别人积累起来的财富，你用不劳而获的手段去占有别人的劳动成果就是犯罪。你因偷盗罪而受到了处罚，那又能怪谁呢？”

姓向的听了这番话，惭愧得一句话也说不出来。

明智的人懂得如何用辛勤劳动、用自己的双手去向大自然索取，创造财富；愚蠢的人才会想到用非法手段，走“捷径”去攫取别人的劳动成果使自己致富。这种人，到头来还是要栽跟头的。所以，实习生在实习的过程中要树立法律观念，管住自己的手，用好自己的手，通过自己勤劳的双手创造财富，做一个智慧守法的实习生。

5 面对客户暴力，拿起法律盾牌

漫说实习

故事汇

对于实习生而言，了解法律条文不仅能够帮助自己在内心树立起是非的标准，还能够在关键时刻帮助自己和同事维护自身权益。法律不仅像绳索一样约束着我们每个人的行为，还能够像盾牌一样保护我们不受侵害。尤其是销售行业，每天都要与形形色色的客户打交道，难免会产生纠纷。如何运用法律知识保护自己和公司，是一门很深的学问，也是实习生需要掌握的技能。

汽车销售专业的小佟虽然个子不高，却是同学眼中的“女汉子”。这是因为小佟的正义感很强，看到同学受到了不公正的待遇总要“打抱不平”。实习期间，小佟被分到当地一家汽车 4S 店实习。热情大方、勤学好问的她很快得到了领导的赏识和客户的认可。汽车销售工作繁忙而琐碎，实习之初的小佟对所销售的汽车的各项功能不熟悉，和客户的谈话多次陷入僵局。每当这时，同事小刘都会主动出马，帮助小佟解答客户的问题。诚恳厚道的小刘给小佟留下了很好的印象，每过多久，二人就成为好朋友。

一天，小刘突然接到前一天刚购车的客户的电话。客户在电话里暴躁地质问：“怎么刚买的新车，空调就不能用了？天气这么热，空调不出风！”小刘说：“大哥，您别着急，这个问题我马上帮您解决。您先把车开过来，我在门口等您，看看具体是怎么回事。”20 分钟后，客户开车到店门口。车还未停稳，小刘就从展厅跑过去了。客户说：“怎么搞的，刚买的新车，空调就不能用！你们这不是坑人吗！”“没事的，大哥。这是小问题。应该是昨天您走得匆忙，没有给您车辆解码。这是车辆的运输模式，为防止车辆漏电而设置的。您到贵宾室休息会儿，看会儿电视。我给您倒好了菊花茶。我马上把车子开到售后车间解码就可以了。”小刘一边解释，一边赔笑。客户却不依不饶地说：“这么点事都办不好，你脑子坏掉啦！”小刘上学时学习成绩不是很好，经常遭到老师的批评。客户的辱骂触到了小刘的痛处，小刘一时间没有控制住自己的情绪，骂了一句脏话。客户以为小刘是在骂他，挥拳就把小刘的鼻子打破了。保安马上冲过来制止了二人打架。

这一切都被小佟看在眼里。大家把小刘送去医务室，客户的情绪也逐渐稳定下来。小佟主动向经理要求接替小刘处理该客户的业务。考虑到小佟平时做事稳重，经理同意了。随后，小佟联系售后经理找技师帮助客户解决了问题。之后，小佟要求客户向小刘道歉并赔偿医疗费。客户拒绝道歉和赔偿，表示自己动手打人是因为小刘骂人在先，并且傲慢地认为这种“小打小闹”公安局是不会管的。小佟严肃地告诉客户，他的行为致人轻伤，已经涉嫌故意伤害罪，可以进一步追究刑事责任。即便情节较轻，也要面临五日以下的拘留和五百元以下的罚款。除非被打者同意，才可以由公安机关调解处理。如果客户拒不道歉赔偿，公司会走法律程序维护员工的权益。听了小佟的话，客户经过一番思索，终于向小刘道歉并承担了小刘的医疗费。就这样，小佟利用自己的法律常识很好地保护了同事的权益。

实习指导站

法律具有强制性，可以通过制裁违法犯罪行为来强制人们遵守法律。因此，当合法权益受到损害时，法律是最强有力的救助手段。

面对客户的暴力，实习生需要拿起法律盾牌保护自己。如何通过法律维权？实习生需要针对不同的案件、不同程度的结果选择不同的维权途径。面对客户纠纷，小佟之所以能够游刃有余地帮助小刘维护合法权益，正是由于她了解打架斗殴的相关法律条文及处理方式。

如果是因民间纠纷引起的打架斗殴或者损毁他人财物等违反治安管理行为，情节较轻的，公安机关可以调解处理。经公安机关调解，当事人达成协议的，不予处罚。经调解未达成协议或者达成协议后不履行的，公安机关应当依照《治安管理处罚法》的规定对违反治安管理行为人给予处罚，并告知当事人可以就民事争议依法向人民法院提起民事诉讼。《治安管理处罚法》第四十三条规定：殴打他人的，或者故意伤害他人身体的，处五日以上十日以下拘留，并处二百元以上五百元以下罚款；情节较轻的，处五日以下拘留或者五百元以下罚款。有下列情形之一的，处十日以上十五日以下拘留，并处五百元以上一千元以下罚款：第一，结伙殴打、伤害他人的；第二，殴打、伤害残疾人、孕妇、不满十四周岁的人或者六十周岁以上的人的；第三，多次殴打、伤害他人或者一次殴打、伤害多人的。

如果打架斗殴至人轻伤以上，则涉嫌故意伤害罪，应当受到刑事处罚。《刑法》(1997 修订) 第二百三十四条【故意伤害罪】规定：故意伤害他人身体的，处三年以下有期徒刑、拘役或者管制。犯前款罪，致人重伤的，处三年以上十年以下有期徒刑；致人死亡或者以特别残忍手段致人重伤造成严重残疾的，处十年以上有期徒刑、无期徒刑或者死刑。

无论结果如何，被人殴打后的事件发生后，实习生要记住犯罪分子特征，及时联系医院对受害者进行治疗并保管好病历、单据等，尽快与老师、家长联系，迅速报案并向有关部门提供时间、地点、打人者的面貌特征。

如果在进一步的处理过程中有疑问，实习生可以向律师事务所、公证处、法律服务所等单位寻求法律援助。

课堂情景互动

实习指导教师组织学生开展“班级法庭”开庭活动。如果条件允许的话，邀请当地法院相关人员作为“班级法庭”的特约嘉宾和名誉顾问参与活动。

- 实习指导教师提前设计几个与打架斗殴相关的案例，供学生任意选择，并将班级学生按照案例数分组。每组选出 4 名学生分别作为原告、被告及双方律师。其余学生充当智囊团。班会开始后，各组学生依次上场，根据案例情境展开辩论，每组限时 15 分钟。
- 每组辩论结束后，由该组组长做总结陈词。实习指导教师总结学生的辩论并做补充。
- 各组学生辩论结束后，由特约嘉宾对各组学生的总体表现进行点评。
- 特约嘉宾向学生讲解和打架斗殴相关的法律条文，并向学生详细讲解如何运用法律维护自身的合法权益。

我问你答

康晖是湖北省某酒店的服务员，负责大厅区域的上菜工作。2015 年 8 月 18 日，来酒店办婚礼的客人比较多，大厅的饭菜上得比较慢。

“我们点菜已经半个小时了，怎么还没好？”16 号桌的客人郭明一跃而起，质问康晖。

康晖一边劝说家属保持冷静，一边解释由于当天办婚礼的客人比较多，所以饭菜上得比较慢。自己会催促厨师加快烧菜速度。

据当天在该酒店大厅用餐的另一位客人周林回忆，当时郭明似乎是从另一个酒场赶来，浑身酒气，一把抓住康晖的衣领，摆出要打人的架势，经其他客人劝解，才慢慢把手松开。在此过程中康晖一直保持冷静。

由于还要给其他桌的客人上菜，康晖准备离开。郭明却把他挡住，大声叫喊要“马上上菜”。康晖见他情绪激动，一边解释一边快步走出大厅。

康晖的忍让并没有换来客人的理解。当他走出大厅后，郭明突然冲了出来。

酒店监控视频显示，郭明一阵小跑后在走廊里抓住康晖，二话不说挥拳打向康晖头部。猝不及防的康晖，左脸被重重打了一巴掌。他当即捂脸半蹲在地上。郭明还要继续动手，被其他服务员拉扯住。

“当时被打的左脸又麻又疼，眼镜也被打落，左耳几乎什么都听不见了。”康晖回忆，自己当时非常恼火，一度有还手的冲动，但强忍着没有发作。

闻讯而来的酒店保安将打人者控制并立即报警。派出所的民警将打人者带走。次日经医院检查和司法鉴定，康晖被确诊为耳鸣、左耳听力下降 20 分贝。

然而，康晖的隐忍并没有得到公正的对待。由于郭明的朋友和酒店老板熟识。酒店并没有坚持要求郭明对康晖道歉并赔偿其精神损失，只是代替郭明给了康晖 500 元的“委屈奖”。由于自己仅仅是一名服务员，康晖有一肚子委屈说不出，只能含泪接受了酒店发给自己的“委屈奖”。

没过多久，该酒店再次发生了客人殴打服务员的事件。某一包厢的服务员和康晖一样，遭到多名用餐客人的辱骂和殴打。

“都说顾客是上帝，但面对伤害自己的顾客，服务员的心里会非常难受。”康晖表示，希望顾客能更多地理解服务员，希望永远不要再有服务员领“委屈奖”。

根据上述案例，请思考以下问题：

- 康晖被打之后，该酒店为什么短时间内又再次发生客人殴打服务员的事件？
- 面对康晖被打，酒店如何处理才是恰当的？
- 被打之后，康晖应如何借助法律手段进一步维护自己的合法权益？

我教你学

斯宾诺莎曾经说过："有理智的人在一般法律体系中生活比在无拘无束的孤独中更加自由。"的确，法律提供保护以对抗专断，给人们以一种安全感和可靠感，并使人们不至于在未来处于不祥的黑暗之中。对于实习生而言，当自身权益受到损害时，法律是最强有力的武器。知法、懂法、守法、用法是实习生的必修课。关于法律，实习生需要注意以下几点：

- 要有签订实习协议的意识。实习协议绝非一纸空文，而是保障学生合法权益的基本依据。学生实习之前，不仅要与实习单位签订实习协议，而且要详细研读协议内容，以确保自身合法权益受到保障。
- 要有用法律维护自身合法权益的勇气。实习生遇到困难时，要相信法律的权威和力量。勇于拿出法律武器维护自身的合法权益是运用法律的第一步。
- 要对常用法律条文有所了解。俗话说，书到用时方恨少。对于法律，这句话同样适用。实习生在实习之前或者日常生活中要注意了解相关法律条文。对于《未成年人保护法》《治安管理处罚法》《刑法》等法律的相关内容有所了解，能够帮助实习生第一时间找到解决问题的法律依据。
- 树立法律观念，严格要求自己。除了有维权意识，还要有守法意识。法律面前人人平等，实习生在实习期间要以法律的规范严格要求自己。只有做到有法必依，才有资格违法必究。
- 掌握依法维权的流程。实习生权益受到损害时，通过何种途径维护自身的合法权益，也是实习生需要掌握的一种技能。对国家机构有所了解，明了不同部门的不同职权，能够帮助实习生顺利地运用法律武器保护自己的合法权益。

后　记

让实习成为青春里亮丽的风景

掩卷遐思，感慨油然。

一批批青春年少的“孩子”，在实习中一路行走、一路攀登，他们绚丽青春的脸庞，或明或暗、或欢或愁，每一次的努力，都向时光证明了青春的蜕变，渲染成人生里最美的风景线。

回首看看，实习中的故事不正是每一位“大人”曾经面临过的悲与喜？有些故事是“正能量”的，我们凭借着专业、刻苦与谨慎，完成了实习中一个又一个挑战，赢得了同伴的赞赏与领导的青睐，在职场上崭露头角，一步步接近梦想。有些故事是“负能量”的，我们犯了马虎大意的毛病，忽略了工作中的细节，给公司造成了损失，给自己及身边的人带来了困扰。没关系，失败是人生的一个节点，战胜它、跨过它，明天的你会做得更好。更何况失败的经验会时刻警醒着你、告诫着你，正如哲学家赫拉克利特说的：“人不能两次踏入同一条河流”，而你，不能犯两次同样的错误。因此，我们迈出人生中的每一步，无论成败，都是最宝贵的财富。

我们怀着真挚与热情，希望书中呈现的案例不仅仅给人以借鉴，更希望能传递一种实习的“正能量”，让未来的“准实习生”们不再将实习当作毕业前的任务，而是发自内心地认同它、接受它、享受它，成为青春里美好的记忆之一。

本书得以出版，需要向提供学生实习案例的孔明霞、王仲斌、刘平、齐健、应广洪、何珍珍、李凤英、邬丽华、陈离萍、顾忠强、袁秋霞等教师致谢！正是因为他们的精心安排、辛苦付出，才有《迈向职场第一步——实习教育教学实例集》的面世。

我们携手梦想，一路同行。

谨以此书献给所有即将踏上实习“征程”的青年学子，献给站在教育一线的广大实习指导教师，愿实习助飞学子的未来，让职场成就梦想。

编　者

2016 年 4 月